Panasonic

エレベーター
Elevator
地下鉄西18丁目駅
Subway
Nishi Jūhatchōme

NISSAN
札幌日産
4
出入口
東西線
西18丁目駅
Nishi jūhatchōme Sta.

北海道除了正式行政區規劃外，
在地人習慣依地理方位分區爲
道央、道北、道南及道東。

地點／北海道央

我們在道央的札幌、小樽和積丹，
以及往南一點的函館，
試著成爲遠方美好風景的一部分。

旅人／男子休日委員

dato、奕凱、AZONA

你有很多想去的地方，而你正在前往的路上。

63-24

北海道央男子休日

どうおう　だんしきゅうじつ

男子休日委員會　企画、写真、文字

contents

札幌

札幌 さっぽろ

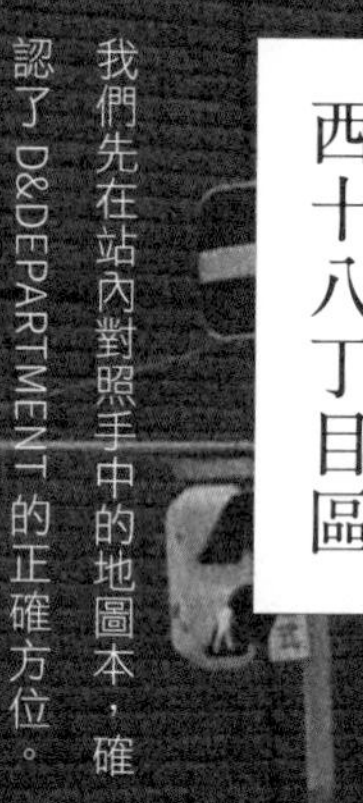

西十八丁目區

我們先在站內對照手中的地圖本，確認了 D&DEPARTMENT 的正確方位。在車站外迎接我們的是意外強烈的陽光，順著筆直街道走著，天空藍得很清澈，右側遠方豎立著鮮紅的札幌電視塔，在烈日照射下閃閃發亮。每過一次馬路，奕凱就忍不住在路中間駐足拍攝。

93-34

永續設計才能陪我們一直走下去

D&DEPARTMENT

近年來不管是台灣或日本，所謂的「選物店」漸漸成為主流，店主依照自己的品味，四處去蒐羅有意思的商品，再由店主替每樣商品找到最適合的定位和陳列方式，讓消費者得以透過一家店一舉瀏覽各類質感良好的物品，這種型態的購物方式深深打動著我們，一知道札幌開設了可說是選物店翹楚的 D&DEPARTMENT 時，我們當然說什麼也要去一探究竟。

不辭千里而來的客人，必定心意相通

D&DEPARTMENT 是家以「永續設計」（long life design）爲開店理念的商店，不僅有來自日本各地的選物，還販售二手家具。創辦設計師長岡賢明曾說，他們會盡量不把店開在交通便利的地方，因爲這樣一來，那些不辭千里而來的客人除了擁有自己的想法外，還能與他們心意相通。

這麼說來，札幌店應該也沒那麼好抵達吧，所幸查了查資料，雖然偏離鬧區，但還是在距地鐵站十分鐘腳程之處，我們這才安心不少。雖然我們和商店之間心意相通，但如果可以少一點交通上的奔波還是比較好不是嗎？（笑）

我們特地在剛開店時抵達，盡情享受假日札幌專屬的廣闊與悠閒。D&DEPARTMENT 簡單的招牌和偌大的門面頗有氣勢，拉開玻璃門走進店裡，整面白牆前排列著角鋼分類架，如倉庫般整齊俐落地陳列著商品，整體氣氛不華麗、不張揚，卻反而更吸引人上前一探究竟。

陳設整齊俐落，請你不要衝動購物

店內選品與生活息息相關，也與土地緊密結合，北海道在地的碳酸飲料、大阪來的收納鐵盒、佐賀生產的茶杯、東京出品的筆記本……等，日常裡不可或缺的物品在 D&DEPARTMENT 細心選品下，妥善擺設並標上了產地，陳列方式完全符合創辦人所說，不想營造出讓人「衝動購物」的氣氛，因爲他認爲仔細思量後才購買的物品，才符合「永續設計」的精神。

1

2

但有點糗的是，因爲我們期待已久，又千里迢迢才來到這，因此逛還沒一圈，手上已經拿了不少東西，爲了讓與當店理念不合的衝動購物心情緩下來，只好多繞幾圈，好好思考這些物品是否眞的需要，想想買回家後是否眞的能永續使用。

「你看這個！很美吧？」
「這個在哪裡拿的？我也要！」

店內選品相當多元，品項雖不是包山包海得讓人眼花撩亂，但絕對都滿足食衣住行各面向需求，也因此我們不斷互相分享自己的發現，也不停一起購買同一樣商品，結果好像變成互相勸敗，愈買愈多啊。

而以往對於選品店商品價格高昂的印象在此也完全被打破，有些一眼就愛上的東西，不過日幣幾百元就能打包帶走，平易近人的價格，成就了我們建構美好生活的想像。

在展覽空間與契合的理念相遇

一樓是提供選品的購物空間，二樓則是販售二手家具的賣場與展

3

覽空間。我們抵達時剛好正在展出「暮らしかた冒険家」（生活冒險家）池田夫婦的攝影展，他們把好好過每一個平淡日子當成冒險，雖不富裕但仍努力維持自己理想中高品質生活模式。這展現他們獨特理念的展覽，讓我們流連許久，心有戚戚焉。

由許多日常寫眞拼貼組成的相片牆上，展示著他們以夫婦爲單位進行的各種生活實驗計劃，無論是不戴婚戒的結婚、以露營的方式度蜜月、把百年廢屋改建爲自己想居住的房子……攝影紀錄了極其平常但實則彌足珍貴的當下，從中傳遞出的富足感簡直閃亮地讓人睜不開眼。

決定跟奕凱和AZONA一起來北海道後，雖然蒐集了許多資料，進行各種討論和準備，但一直到出發之前，我們誰也沒料到北海道之旅會是一趟這樣的旅程……

一次又一次，我們在這趟旅程中，不斷地遇見「生活冒險家」們，他們用眞實無比的情感，和把追尋理想生活當成日常一部份的紮實態度，構築出了我們眼中獨一無二的北海道。

1 簡單耐用的食器，讓美感存在於生活之間。
2 自製的 T-SHIRT 用色精準，極簡大方。
3 北海道余市仁木町出產的蘋果和番茄汁，瓶身十分可愛。

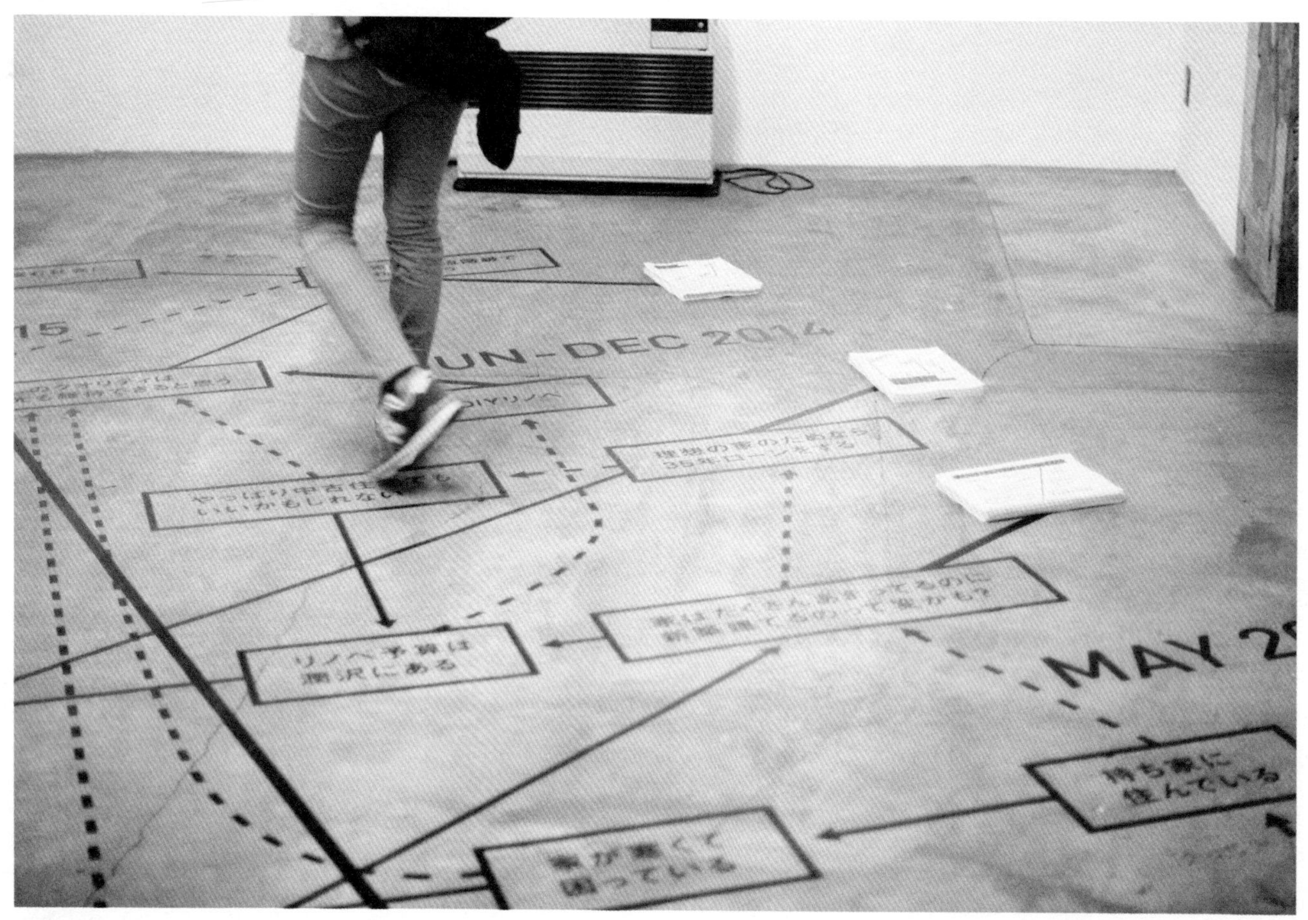

每一個日常片刻中的選擇，都是一種生活冒險。

D&DEPARTMENT PROJECT SAPPORO by 3KG

札幌市中央区大通西 17 丁目 1-7
☎ 011-303-3333
12:00 ～ 20:00
定休日：星期一（若星期一為國定假日，則延至星期二）
www.d-department.com/jp/shop/hokkaido

把季節放進嘴裡細細品嘗

pippin

愉快地逛完D&DEPARTMENT後，位於店內角落的咖啡店pippin正散發著料理的香氣，呼喚我們挪動腳步。在滿足了心理上的購物需求後，接著需要撫平的是生理上飢餓。

創辦人長岡賢明曾經說過，要組成D&DEPARTMENT有三個要素，商店、讀書會，再來就是咖啡，除了定期舉辦的讀書會外，在店內有個可以讓人休息的空間也是相當重要的，因此pippin也就應運而生。

或許這裡的料理眞的聲名遠播，店內一直是幾近滿席的狀態。pippin的招牌是每周定食，因應當季食材推出，挾「限定」這充滿誘惑的字眼，讓人很恨不得馬上品嘗。

「我要吃這個有蘆筍的套餐！」

從出發前就看著官網的照片一路醞釀心情的我，才剛入座就馬上點好餐點，愛吃蘆筍的我對於北海道翠綠碩大的蘆筍充滿嚮往，當然要趕在蘆筍季節過去之前，點份特別烹調過的蘆筍蝦仁餐，享受品嘗季節的快感。

我點的「辣炒蘆筍與蝦仁」相當夠味，搭配白飯十分合拍，一旁的小菜份量頗足，樣樣都是一時之選。而奕凱選擇的「味噌芝麻蜂斗菜豬肉捲」紮實飽足，讓肉與野菜合而爲一，吃起來爽口不油膩。若不打算用餐，或許也能像AZONA一樣點杯烘焙茶稍事休息，配上附贈的硬餅乾，爽口解膩。

pippin座位區雖然不大，但因爲和D&DEPARTMENT共用空間，開放感十足，一邊用餐還可以一邊觀察客人購物，或者拿起架上的《BRUTUS》、《BiRD》等雜誌翻閱，十分愜意。

飽餐一頓後準備結帳離開，沒想到在櫃檯掏錢包時，忍不住又拿了一瓶pippin自製的草莓果醬，想當成伴手禮帶回家。

一間契合頻率的店，讓人不衝動購物實在有點難啊，若我們生活裡有間像pippin的店，想必我們也會是在此流連忘返的常客吧。

2

1

1 豬肉捲定食配菜份量都不少，吃來會有飽足感。
2 當季蘆筍入菜，爽脆的口感讓人相當滿足。

pippin

札幌市中央区大通西 17 丁目 1-7
☎ 011-643-6638
1200 ～ 2200（星期二至星期六）
1200 ～ 2100（星期日和國定假日）
定休日：星期一
www.pippin-style.com

一個個小夢想在此匯聚茁壯

SPACE1-15

「這是一棟公寓？」奕凱問。

「對啊。」我這樣回答。

「然後裡面有很多店？」ＡＺＯＮＡ也提出疑問。

「是啊。」我點點頭。

「一棟公寓裡有很多店」就是我們對SPACE1-15這有趣的集合空間最直接的定義與描述。位於地下鐵西18丁目站約十分鐘步行距離的SPACE1-15，外觀看來只是間平淡無奇的三十年屋齡公寓，隱身在平淡的住宅區間，若非事先得知情報，不然根本不可能發現這裡。

SPACE1-15原本只是爲了解決空房問題，於是試著提供空間給年輕創作者進駐的計劃，自二〇〇九年起，由三樓的手工香皂工坊開始，慢慢開枝散葉，聚集了札幌一些充滿理想與夢想的年輕老闆們，有咖啡店、整骨店、書店、花店、雜貨店、飾品店……等，在老公寓中，每一戶就是一家小店，每個小小空間裡擺滿老闆的作品或選品，客人們一邊選購物品，一邊和老闆交流。截至二〇一五年爲止，SPACE1-15裡已經有二十家店舖進駐，這多元且特別的營運模式還被當地媒體喻爲「裏札幌文化發信地」，非常值得花點時間好好逛逛。

而有趣的是，因爲整棟公寓除了SPACE1-15的店家外，其實還是有許多一般住戶，所以一樓入口仍然實施門禁管制，要前來逛街的人得透過對講機與店家聯絡。一開始站在對講機前其實會有點手足無措，「該說什麼才好呢？」莫名的羞怯讓人無法跨出那一步……但其實大方選一家店按下對講按鈕，任何一間店的老闆都會親切回覆「請進！」並爲你開啓一樓大門，接下來就能像尋寶一般，好好地去探尋自己感興趣的店家了。

201
Anorakcity

位於二樓的Anorakcity是家木造裝潢的北歐、英國風選物店，店主早年曾經遠赴倫敦學習設計和經營品牌，回國後才開設這間店。暖黃光線打在店主精選的英倫風古物上，從舊家具到二手市集買來的斑駁玩具、鐵盒、飾品等，這些沾上歲月痕跡的物件都散發一種迷人的魅力。

若你對古董小物興趣不大，店主親自設計的提袋、手帕、T-SHIRT與明信片也很值得關注一番。最吸引我的就是有著鮮紅、亮黃、鮮藍等耀眼顏色的提袋，上頭印有倫敦風格士兵或如北海小英雄般的公仔圖案，因爲實在都太喜歡了，我左右搖擺不定，要哪個顏色呢？要哪個圖案呢？購物有時會讓自己陷入沒來由的天人交戰，眼看AZONA在一旁以迅雷不及掩耳的速度拿起一個店主友人設計的提袋新品去結帳，我卻在一旁左思右想沒有答案。

最後，我一轉頭發現掛在牆上一個亮黃的便當袋。伸手要去取時，店主跟我說「因爲便當袋比較小，圖案很難印製，這是最後一個囉！」就是這句魔法般的話，讓我馬上決定帶它回家。

1 店內選品繁多，連球鞋都有。 2 曬在陽台上的北海小英雄風格手帕。

501
TAKECHAS RECORDS

因爲喜歡音樂，所以在旅途中我總不放過任何可以逛唱片行的機會，一知道SPACE1-15裡有間唱片行，我說什麼都想去逛逛。

五樓的TAKECHAS RECORDS是家二手唱片行，多年前開始在網路上營運，二〇一四年底才進駐SPACE1-15。和我平日愛逛的唱片行不同，這裡是以黑膠唱片爲主的二手店。

「咦？你們從台灣來的？怎麼會知道這家店啊？」友善的老闆對我們感到很好奇。

「因爲很喜歡音樂，所以在查資料時發現這裡，想說非得來逛逛不可。」我解答了老闆的疑問。

「那有特別想找哪些歌手的唱片嗎？」老闆問。

「請問有松任谷由實嗎？」我說。

「耶？你喜歡松任谷由實嗎？」老闆又再次驚呼。

「對啊，我從《魔女の宅急便》的主題曲開始喜歡的喔！」我說。

在唱片行裡，音樂是拉近距離的最佳話題，於是，我就用彆腳的日文和老闆聊起喜歡的歌手松任谷由實，他一面聊著一面從滿滿的唱片堆中找出唱片現場播放，而我也因爲住宿的地方就有台唱機，放心購買了不少張黑膠唱片，畢竟在旅途中逛唱片行後，能現買現聽是件很幸福的事。

或許是跟我們相談甚歡，結帳時老闆大方送我們印有他本人圖案的貼紙商品，原來是他的插畫家朋友幫他畫的，跟老闆還眞像呢！而我們也回贈這本書的宣傳海報，沒想到老闆十分開心，立刻拿膠帶把它貼在店門口，看著我們的海報和一堆北海道文化活動的DM並列，那種融入當地的畫面眞令人忍不住竊喜。

TAKECHAS RECORDS 裡的商品以二手黑膠唱片為大宗。

一看到整牆唱片就欲罷不能地翻找了起來。

401
kitchen TOROIKA

「好像有點餓了。」逛了好一會兒後奕凱率先發難。

「我剛看招牌，四樓好像有間咖啡店。」ＡＺＯＮＡ馬上提議。

SPACE1-15之所以能花時間好好逛逛，是因爲除了店家風格多元外，還有一間可以在購物後稍事歇息的咖啡店。

四樓的 kitchen TOROIKA 小巧可愛，還未進門就看到店主的手工糕點排列在玄關，往裡頭一看，採光良好的的廚房立刻吸引我們目光，在店主的招呼下，我們馬上揀了張桌子入座。

迅速點完餐後，在輕柔的吉他聲中，一人經營的店主在廚房裡忙進忙出。灑滿陽光的調理台上，擺著「北海道特選牛乳」，身處異國時總對寫有當地地名的食材特別有好感，加上在北國陽光照耀下所完成的料理有加分的效果。一會兒後，我們點的點心和料理，全在店主的巧手之下按部就班地完成。

奕凱點的三明治分量飽足，沒吃午餐的ＡＺＯＮＡ則點了香氣四溢的牛肉燴飯，很難想像這兩道餐點同樣來自這小小的廚房，我的紅茶戚風蛋糕口感紮實，蛋糕上頭用奶油與果乾點綴，視覺上可口動人，吃起來更是齒頰留香。

在這樣精巧的一人小店裡，店主安靜地在廚房裡處理各式料理。我們一邊吃著美食，一邊觀察著店主風格出眾的經營姿態，簡單但不馬虎、物美價廉卻不偷工減料，或許在SPACE1-15裡所集結的就是這樣信念的人們，認眞生活奮力圓夢，畢竟無論夢想是大是小，只要能踏實完成，都足以稱爲極致的美好。

店內空間不大，面窗的廚房成為最搶眼的所在。

BEEFEATER
V.O
Kalita

SPACE1-15

札幌市中央区南 1 条西 15 丁目 1-319
各家店鋪營業時間不一，請洽官網
www.space1-15.com

在百年建築裡來場古本尋寶

古本屋トロニカ

要判定自己喜不喜歡一座城市，對我們來說，是否有家好逛的書店通常是必要的依據之一。我們都是喜歡閱讀的人，我們生活周遭充斥著書籍或雜誌，要前往一座城市前，也都會搜尋當地書店的各種資訊，而札幌最具代表性的古本店トロニカ（tronika），當然成為我們必訪的目標。

一入迷就忘了空間窄小的寶庫

トロニカ是開設在古老大樓中的古本店，位於被選爲「札幌景觀資產」的三誠大樓裡，這外貌古樸的大樓看起來非常堅固，想不到居然已有七十幾年的歷史。

進入彷彿時光隧道一般的穿堂，踩上石階前還不忘先偷看一眼一樓的傳統理容院，來到二樓的古本店後輕輕推開大門，只見店主廣川先生在櫃檯後面坐鎮，如同在雜誌中看到的照片一樣戴著帽子，兼具文青氣質和時尚元素，相當有型。和廣川先生點點頭打過招呼，我們便各自挖起寶來。

トロニカ空間不大，店內更是被商品全部佔滿，所以攜帶大背包的我們移動起來十分困難，稍微不留意就可能將商品掃落，但因爲店內寶物不少，一翻找入迷就馬上忽略了這樣的不便。

我們一邊在窄小的空間小心錯身，一邊輕聲互相通報在架上發現了什麼，這期間幾位客人陸續進店，即便我們三人幾乎已經店內通道佔滿，其他客人依舊安靜地走進店中。我們各據一方，各自找尋自己有興趣的書本。即使擁擠卻依舊令人興致盎然，古本店果然一逛起來就沒完沒了。

經得起歲月考驗的經典讀本

這裡有進口書也有日文著作，也有一些獨立出版的ZINE，還有明信片和玩具，店內品項繁多讓人眼花撩亂，而最抓住我目光的是一整櫃年分古老的《POPEYE》與《暮らしの手帖》等雜誌。

我就像發現新大陸般一本一本抽出來端視，原來這些我們很喜歡的雜誌在三十年前是如此樣貌，那些我們從未參與過的往日時光竟也是這般引人入勝。

1

2

在這間古書店裡還有另一個值得一書的魔幻瞬間，當我在窗邊書架找書時，突然聽到電車逐漸靠近的聲音，於是我不經意地往窗外一看，沒想到正好對上了路面電車經過窗外的畫面，於是這對トロニカ來說極其平常的景象，就這樣成爲令我驚鴻一瞥的短暫珍貴風景。

離開トロニカ後，我們聚在一起結算各自挖到的寶，AZONA選了本主題是「過敏」的科學生活獨立誌《LOUPE》，我則買了一本比我還老的《POPEYE》第一〇〇期紀念號，外加奈良美智在冰島發行的展覽書，還有一件跟廣川先生身上一樣的トロニカ原創T-SHIRT。而奕凱則挑了一本看起來很青春洋溢的攝影小書，結果我借來一看還眞不得了，居然是（我最愛的）柚子二人組的絕版演唱會場刊啊。

審視完大家的戰利品，發現這間小小的トロニカ眞是間大大的寶庫，如果你也喜歡書和雜誌，希望你也花點時間在這裡，小心翼翼或側身或俯蹲地慢慢找，一定會找到自己的心頭好。

1 書架上滿滿的過期時尚雜誌，可一窺潮流演變的軌跡。 2 店主廣川先生穿著店內原創 T-SHIRT，相當有型。

トロニカ

札幌市中央区南 1 条西 13 丁目 317-2 三誠ビル 2F
☎ 011-596-0909
1200 ～ 1900（星期一至星期五）
1200 ～ 1700（星期六）
定休日：星期日、國定假日
tronikabooks.blog31.fc2.com

炭火居酒屋
40
ダラハン
211

[休日 book]

我們的北海道讀本

book 1

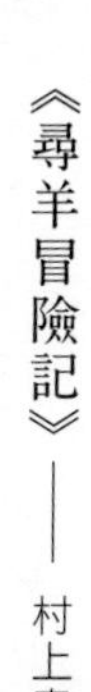

《尋羊冒險記》——村上春樹

從一張背上有神祕星星圖案的綿羊照片開始，主角展開一段連自己都不知道結局的旅程。以七〇年代北海道爲舞台，自札幌的海豚飯店到旭川深山裡的牧場，早期村上春樹的魔幻筆法揉合了北海道開拓期的篳路藍縷，帶領我們踏上北國廣闊大地。在冰冷的冬季降臨之前，讀著讀著，我們已先從結局感受到心裡的嚴寒。

book 2

《田村先生還沒來》——朝倉可斯蜜

五個進入不惑之年的小學同學，在札幌鬧區薄野的一家小酒館裡等著最後一位同學田村前來。在漫長的等待時間裡，他們紛紛回想起自己埋藏在心底的回憶，在無形中打破了彼此間經年累月築下的藩籬，平實動人的筆觸間，佈局精密的故事一個又一個說完，我們和書中人才回過神來，忍不住再度問起那一句「田村怎麼還沒來」？

book 3

《銀之匙》——荒川弘

青春無敵的高校生活與博大精深的酪農日常熱情碰撞。十勝農家出身的荒川弘在漫畫中道盡北海道農家子弟的歡笑與淚水，馬匹訓練、培根熟成、起司製作等，在地農畜知識巧妙結合家族、戀人、同儕人際關係，搭配著幽默勵志的故事，我們一邊吃下可口的北海道物產，一邊讀進與自身經驗截然不同的遠方生活百態。

まいごのりんご
さく・くまがい　まゆみ
え・たなか　ゆみこ
A
lost
Arne

3DS
妖怪ウォッチバスターズ
赤猫団
白犬隊
Loppi・HMV限定特典
ミニタオル
Bメダル＋
オリジナルステッカー
予約受付中!
HOKKAIDO NIPPON-HAM FIGHTERS
観戦チケット
発売

以在地人的姿態善用便利商店

陪你一起繞去附近的便利商店一趟，取回前天上網訂購的雜誌，把習慣的生活模式搬到遠方，好像眞的生活在當地一般，同時還多了一點限時限地的異國模樣。

北海道大學區

從札幌車站北口地下通道往北海道大學前進，不同於商場百貨連通口林立的南口地下街，北口地下道安靜且有點冷清，與我們擦肩而過的都是行色匆匆的上班族。AZONA被牆上羅列著的北海道風土和姊妹市締結等市政沿革展示吸引而放慢了腳步，我不禁出聲催促：「跟平岡先生約定的時間快到了喔。」

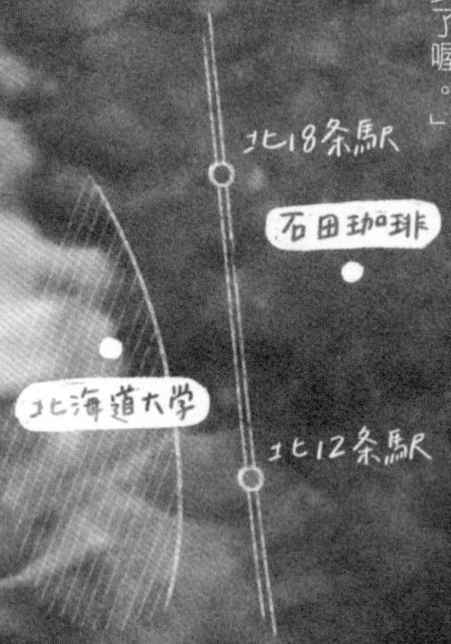

重溫一段美好的青春時光

北海道大學

知名北海道漫畫家荒川弘的漫畫《百姓貴族》中，描繪了農產百分之兩百自給自足率的北海道農業現況，而她的另一部作品《銀之匙》，則詳述了農業學校學生的常日時光，爆笑的劇情中不留痕跡地展現了北海道農畜業的真實現況，是我們出發前，認識這塊土地的最佳藍本。

無論到哪個城市，我們都喜愛在旅途中插入一個校園景點。

光是看著校園裡的學生們騎著腳踏車跟我們擦身而過、在草地上玩投接球、趴在樹下畫壁報、坐在池塘邊聽音樂、看書，或是群聚喧鬧而過，每個畫面都像一段段年輕歲月剪影，校園裡的青春氣息就像個時光隧道，讓已經進入職場的我們稍稍重返過往那段青澀年代。

而在出發前，我們已經先透過閱讀了解北海道農畜業的重要性，來到札幌時，自然不可錯過以農業建校的北方第一學府——北海道大學。

充滿綠意的校園襯映青春記憶

北海道大學前身是一八七六年創立的札幌農業學校，一九一八年改爲大學學制。第一任校長克拉克博士的名言「少年們，要胸懷大志！」（Boys, be ambitious!）不僅成爲廣爲人知的校訓，也成爲來到北海道的旅人印象深刻的名言錦句，因爲這句話除了在觀光勝地羊丘的克拉克雕像上能看到，連在土產上也能見其蹤跡呢。

北海道大學位於札幌車站後站，佔地有一七七萬平方公尺大，幅員十分廣闊。而且從大門開始就是一整路茂盛的銀杏樹與楊樹，人造小溪和池塘交錯穿過寬廣的大草坪，觸目所及皆被綠意填滿，讓人一下子就愛上這座校園。

正門旁的校園情報中心，以校內榆樹命名爲「Elm之森」，是座由大片落地窗和木頭所建構而成的環保建築，加上周圍樹木環繞，頗有森林小之屋感。對於旅人來說，這裡除了能坐下來喝杯咖啡休息、收集校內情報，還有各式各樣精美的北大紀念品可選購。

不過，我們這天可不只是來進行單純的校園巡禮，同時還與北海道最大報《北海道新聞》的記者平岡先生有約。

《北海道新聞》採訪中意外發生？！

曾經在北京學過中文的平岡先生，從我們的共通友人那裡得到了我們的上一本書《左京都男子休日》而且非常喜歡，所以一得知男子休日委員會的札幌取材計劃，就興起想採訪我們取材過程的念頭，於是我們便跟他相約在校園中。

我們沿著克拉克博士肖像旁的人造小溪走逛著，和平岡先生用日文與中文摻雜著聊天。跟著一起來的攝影大哥則一路捕捉我們三人在校園裡的畫面，當我們走在人造小溪旁，他拍著拍著，靈機一動請我們隨興跳過散落在溪床上的石頭，好讓他捕捉我們過溪的景象。

人工小溪雖淺，石頭上倒密密麻麻地布滿了青苔，我們先觀察了一會兒對岸的小學生，看他輕盈地跳躍過溪，覺得應該不難吧。沒想到才這麼想著，走在最前方的ＡＺＯＮＡ隨即在踩上第三塊石頭時腳底打滑，失去了平衡，而緊跟在後方的我一時之間也無法反應過來，只能眼睜睜地看著ＡＺＯＮＡ就這樣跌坐在淺淺的溪水中，這突如其來的狀況讓現場所有人都看傻了眼。

「怎麼了？妳還好嗎？」回過神來的我們趕緊把ＡＺＯＮＡ自水中拉起，先確認她毫髮無傷，然後我們再也忍不住即將溢出嘴角的笑意，因爲那個滑倒的瞬間實在太爆笑了。只不過，雖然沒有受傷，但ＡＺＯＮＡ的上衣、褲子以及手提袋都濕透而且弄髒了，採訪也因此中斷。

「我們現在就請報社的車子來載你回去換衣服！」沒料到會遇到這種情形的平岡先生與攝影大哥一時有點傻眼，兩人一陣討論後，決定先叫車讓ＡＺＯＮＡ回住處換洗，而我和奕凱則繼續留下來接受訪問。

一小時之後，ＡＺＯＮＡ重新回到學校與我們會和，接著我們才一起前往克拉克博士肖像另一側的クラーク食堂（克拉克食堂）繼續取材。

彷若公園的美麗校區吸引了不少市民和遊客進入校園玩耍。

連校外人士都著迷的超值食堂

クラーク食堂就位於クラーク会館中，因爲提供划算又美味的餐點，中午時分總是人滿爲患，我們先在食堂外對著食物模型櫃研究了一番，選定了自己喜歡的餐點，接著再走進食堂拿妥餐盤，順著學生排隊的隊伍前往點餐。

食堂裡人雖多，但大家井然有序地遵循著飯類與麵類的隊伍分開排隊，在櫃檯點好菜取完餐後，再到收銀區結帳。學生食堂中的餐點不只符合一日營養須求，同時物美價廉，只需日幣五百元不到，就有許多品項可以選擇。

AZONA點的牛とろ丼（牛肉生火腿蓋飯）是クラーク食堂的招牌名物，滿滿的火腿碎肉搭配蔥花與海苔的絕妙滋味不只在學生間獲得好評，許多校外人士也慕名而來。而奕凱點的是他最愛的豬排咖哩，我則選擇了充滿夏日風情的桔汁天婦羅沾麵，微酸的風味在炎炎夏日更顯開胃。

好不容易在食堂的半露天座位完成最後訪問後，我們留下來繼續把午餐吃完。身邊學生來來去去，其中不乏來自各國的留學生，不管是討論作業或只是進行毫無意義的瞎聊，這難能可貴的氣氛都讓人十分羨慕，畢竟不管身處在哪個時空，青春都是人生中無法再次體驗的期間限定，而僅此一回的青春時光，都將讓日後每段經歷更爲耀眼茁壯。

咖哩豬排飯

桔汁天婦羅沾麵

牛肉生火腿蓋飯（非生肉）

2

1

4

3

1 遵循著學生食堂的規定排隊向廚房阿姨點餐和取餐。 2 食堂基本款咖哩飯香氣四溢。 3、4 取餐後在結帳櫃台旁還有小菜及飲料可以自行搭配。

北海道大學

札幌市北区北 8 条西 5 丁目
☎ 011-716-2111
www.hokudai.ac.jp

クラーク食堂

位於北海道大學的クラーク会館中
☎ 011-726-4012
1100 ～ 1900（平日）、1100 ～ 1400（星期六）
定休日：星期日
www.hokudai.seikyou.ne.jp

在咖啡香中享受片刻靜謐

石田珈琲店

離開綠意盎然的北海道大學，我們往地下鐵北十八条站的方向步行前進，目標是一間曾在札幌咖啡雜誌上看過的店——石田珈琲店。會被這間店吸引的原因很簡單，登上雜誌的照片中有個半圓形的木造櫃台，大方又沉穩的設計，令人心生嚮往。

我們待在札幌的這幾天，天氣剛好介於春夏交界，氣溫就在九度與二十九度間大幅遊走，偶爾一陣冷風吹來會讓人直發抖，而有時又像這天一樣，走沒幾步路，額頭上就冒出汗珠，在我們開始感到有點燥熱時，眼前出現了石田珈琲店小小的招牌。

不提供冰咖啡的職人堅持

一進到店裡，自家烘培的咖啡香就撲鼻而來，在札幌小有名氣的石田珈琲店果然名不虛傳。店內被巧妙地分成三個空間，從櫃檯區旁邊的小穿堂轉個彎，就能走進後方的兩個座位區，全店都使用造形大氣的木造家具，每一張桌椅都帶著好看的歲月痕跡。

店員帶我們入座在店內最深處的一張大桌，剛好緊鄰著面向庭園的落地窗，玻璃窗隔開了外頭的高溫，只留陽光柔柔地灑進來，與室內昏黃的燈光相映。

店內招牌品項爲以音同「咖啡」的「骨喜」二字命名的「石田骨喜」，甘、苦及酸味達到完美平衡的「寺町浪漫」口味清新，「愛人」則擁有極深煎的苦味，這些命名充滿文藝氣息又點題，光研究菜單就被逗得很樂。

雖然札幌入夏後氣溫也頗高，但爲了避免在咖啡中加冰塊後，逐漸融出的冰水折損咖啡美味，店內一律只提供熱咖啡，我們也樂於遵循店家對咖啡飲用方式的堅持，藉此來感受店主對於自家咖啡豆的自傲與自信。

除了咖啡，我們還點了幾塊每日限定的手工蛋糕，而且剛點完沒過多久，忙碌的店員就快步走到寫著當日限定品的黑板前，將品項一一刪去……

「完售」是旅行中最讓人心碎的字眼之一，所幸這天我們幸運一閃而過。

進門處的半圓形木造櫃台展露著大方與沉穩。

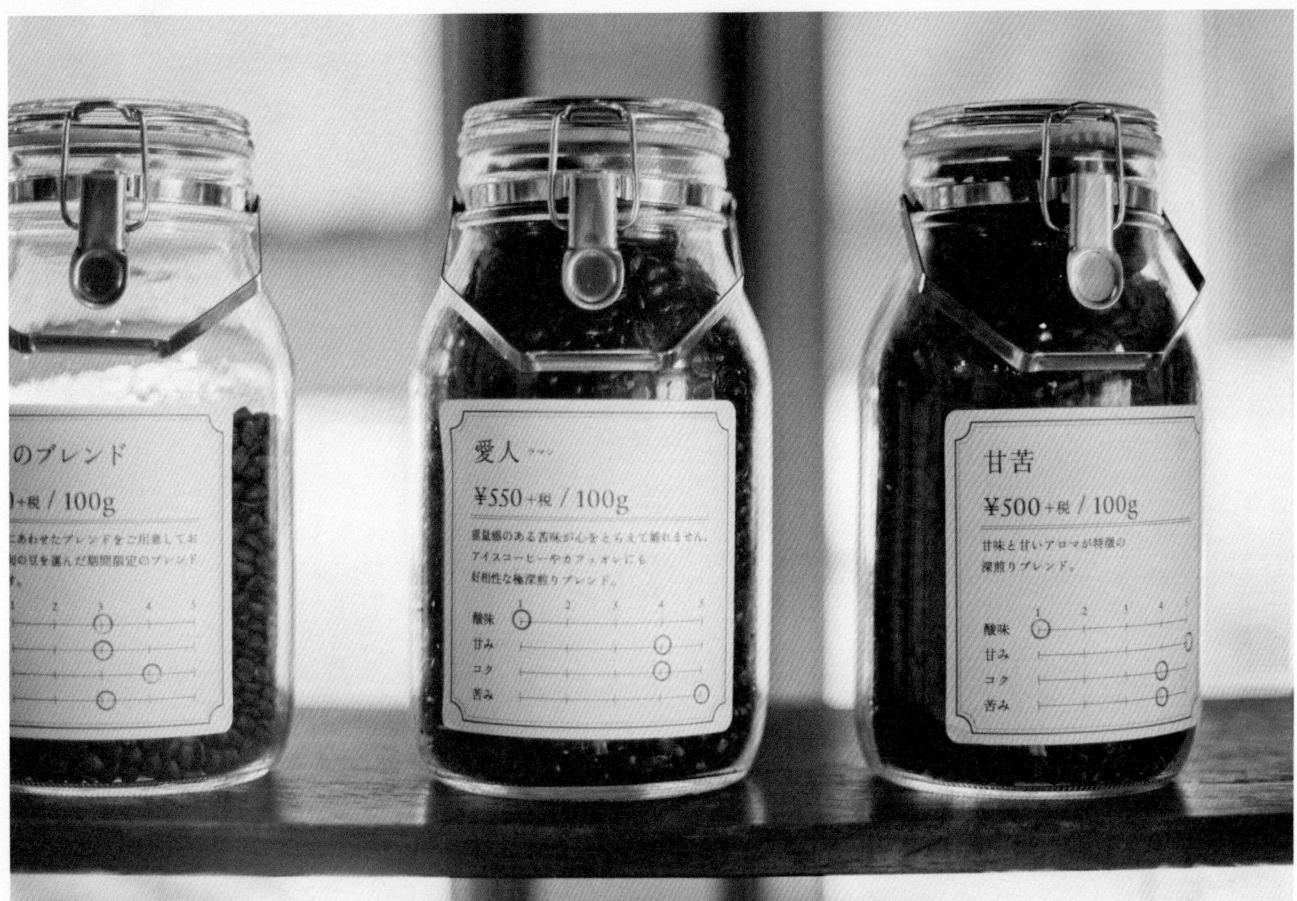

店內提供招牌的三種咖啡豆，還有牛奶咖啡、夏季限定濃縮咖啡等商品讓客人選購。

1

2

用當店自產咖啡豆延續旅遊記憶

我們品嘗著香醇咖啡和用料大方的蛋糕，落地窗外照進來的陽光烘托出店裡的高雅。我拿筆記本紀錄上一段行程，奕凱在店員允許下拿起相機取材，AZONA則在一旁用手機回覆工作郵件。能處在同一個空間各自做自己的事，不需要對話就能感到安心，也是某種交情深厚的證明。

只是，一間好的咖啡店裡最不缺的似乎就是喧鬧的客人，遠方兩組客人破壞了這個寧靜的片刻，分貝破表的談天說笑聲塞滿整個空間，單單幾個人的聲音就摧毀了店裡原有的靜謐，所幸不久後他們一一結帳離場，我們才得以放鬆繼續享受咖啡時光。

離去前奕凱和AZONA也沒忘了帶上幾包咖啡豆，期待回到台灣後，還能用咖啡口味延續札幌休日氛圍。推開店門離開前，剛好和正在烘培咖啡豆的石田先生對上眼，我們互相微笑著點了點頭，為這間店做了完美的收尾。

隨著黃昏到來，店外原本令人有點燥熱的溫度也隨之低降，涼爽果然才是札幌最舒服的模樣。

1 招牌的石田骨喜咖啡有絕妙的味覺平衡，廣受喜愛。 2 南瓜蛋糕吃得到大塊南瓜，用料很實在。

石田珈琲店

札幌市北区北 16 条西 3 丁目 1-18
☎ 011-792-5244
1100 ~ 1900
定休日：星期二、星期三
www.ishidacoffeeten.com

大通公園區

抱持著想要體驗當地生活的想法來到札幌，心裡難免會想刻意避開旅遊書介紹的熱門景點，但遊走在市區幾日下來才發現，那些被我們偷偷覺得「樣板」、「觀光感」的景點，其實很自然地出現在當地居民的生活中，並與他們的日常節奏共生，與其刻意閃躲，不如敞開心胸把它們當成這城市裡最獨一無二的造景。

西11丁目駅
Brooklyn
大通公園
大通駅
さっぽろ駅

同時滿足味蕾與心靈的複合空間

Brooklyn Parlor

在札幌眾多觀光景點中，我們最喜歡的除了大通公園的電視塔外，就是北海道廳舊本廳舍。這一八八八年建成的廳舍由沉穩的紅磚組成，所以被大家暱稱為「紅煉瓦」（赤レンガ，Akarenga）。而開設在道廳斜對街的赤れんがテラス（Akarenga TERRACE）則為我們示範了商場與古蹟如何互不打擾，且毫不違和地相互呼應。

原是木造建築的廳舍在一九〇九年遭受火災，歷經多次整建改爲紅磚建材，並保留原始巴洛克建築形式，氣派壯麗。廳舍外牆上顯眼的五稜紅星開拓史標誌，標示了北海道發展至今最重要的拓荒精神。

被指定爲國家重要文化財的廳舍內設有免費入場的觀光情報中心和文物展示間。廳舍外圍寬闊的廣場和庭園，也是市民平日散步、休憩，進行市民活動的場所。

走出道廳，斜對街的複合式商場 Akarenga TERRACE 吸引了我們的目光，這光鮮亮麗的新商場與另一側的 NOASIS3.4 大樓之間的人行道上，鋪設了與廳舍遙相呼應的紅磚，並在兩側種上成排綠樹，樹下有許多座位供路人歇息。無論站在人行道上的哪一側觀看，都有如把廳舍的氣氛延伸至生活裡一樣，懷舊情調完美揉合現代的建築規劃，我們不禁被那畫面深深吸引。

把握臨時起意的愜意造訪

二〇一四年才新開幕的 Akarenga TERRACE 除了部分生活、戶外用品賣場外，主要是聚集大量知名餐廳的飲食商場，連續吃了幾餐北海道限定料理的我們，決定趁機享用難得吃到的仙台名物「牛舌炭燒利久」當午餐。但這棟商場最令我們難以忘懷的並非美味的牛舌，而是我們在電扶梯升降之際忽然瞥見的複合式咖啡廳 Brooklyn Parlor，它洗鍊黑窗框間透著光影的毛玻璃，每次經過都彷彿正在揮手招喚我們。

「那，反正還有點時間，不如進去喝杯咖啡吧？」吃飽下樓時我不禁提議。殊不知這不在原本計劃中的咖啡廳小歇，居然成爲我們旅途中最回味無窮的一段。

把愛看書的習慣融入消費空間裡

Brooklyn Parlor是個結合咖啡、餐點、書本與音樂的文化發信空間，由知名爵士酒吧Blue Note團隊策策劃，在大阪、東京等地都有分店，偌大的店面走的是隨興的紐約布魯克林風格，店裡位子很多，每張桌椅的樣式都不相同，有貴氣的沙發也有充滿個性的皮椅，而我們偏愛的是靠窗可看見整排綠樹與紅磚道的位子。

由於剛剛才吃過午餐，所以點菜時只能略過正餐選項，將目標鎖定在蛋糕鬆餅等點心，奕凱一接過MENU馬上挑好照片誘人的鬆餅，我則選定了一個莓果餡料的蛋糕，午餐吃太飽的AZONA追求的是心靈的飽足，點了杯咖啡後就直奔書區逛了起來。

千萬不要抱著「連鎖店應該沒什麼特別的吧」這先入爲主的觀念，這裡不只空間大得很舒服，店內各種細節也不馬虎，特別是靠牆面的書架上，選書跟場地氛圍配合得精準又有質感，而且舉凡自然科學、動物、攝影、料理、旅行或生活等主題都與北海道地區給人的感受契合無比，書量不多但本本都引人入勝。

AZONA逛著逛著，不知不覺拿上好幾本文庫本要結帳。日本人愛買書看書的好習慣，總是這樣輕鬆融入消費空間裡，說不定以後連大眾澡堂都能賣書吧。

意料外的美味令人久久難忘

等到AZONA飽足了心靈回到位子上，奕凱和我已經沉醉在剛上桌的鬆餅當中了。

「你一定要吃一口！」「拜託，快點吃一口！」我們兩人切下鬆餅的一角，不停鼓吹AZONA吃吃看，還等著看她吃下時的反應，「欸，好好吃喔！」見AZONA入口瞬間爆出驚喜的臉，我們紛紛回以「看吧，眞的超好吃！」的共鳴。

這熱騰騰的鬆餅由三片堆疊起來，最後再淋上誘人的新鮮奶油，鬆軟到幾乎是入口即化的口感實在太不可思議，甜度適中的口味更讓一向不嗜甜食的奕凱一邊吃著一邊大叫著怎麼可能那麼好吃，更讓人驚訝的是它的價格，鬆餅加上一杯咖啡居的午茶組合，居然只需要日幣八百五十元，這樣划算的價格更增添了我們愛上的這間店的理由。

讓人魂縈夢牽的美味鬆餅，意外成為我們再訪札幌必吃的第一名。

也許是那鬆餅的美味實在太超出預期，記得要離開札幌當日，奕凱還興致勃勃地試圖再擠出時間去吃一回，只不過那天風強雨驟，加上我們大包小包地提了許多行李，因此最後沒能再次回味。若你有機會碰到奕凱，問他下次去札幌最想吃什麼？我想，誤打誤撞而吃到的 Brooklyn Parlor 鬆餅應該是唯一的答案。

1 店內寬廣的書牆也是吸引我們進門的一大原因。

2 結合咖啡、音樂、書等主題於一店，宛如小型文化發信地。

Brooklyn Parlor（札幌店）

札幌市中央区北２条西４-１番地 赤れんが テラス２階
☎ 011-209-3737
1130 ～ 2300
定休日：不定休
www.brooklynparlor.co.jp/sapporo

在公園找到自己的放鬆角落

大通公園

在城市生活久了，老是被車水馬龍和高樓包圍，壓抑著人們對自然環境的嚮往，因此能否擁有一座好公園，絕對會影響一座城市在人們心中的觀感。而穿越札幌市中心的大通公園，不只讓我們的眼裡填滿綠意，身處其中，還能一窺札幌居民們的生活縮影。

在研究地圖時，橫亙在札幌市區中央的大通公園非常顯眼，這座公園全長一千五百公尺，橫跨十二個街區，東西兩側一邊是知名的札幌電視塔，另一邊是札幌市資料館。

每到札幌我總不忘到大通公園繞繞，只要看著公園裡嬉鬧的人們，再看看高聳的電視塔，身在札幌的踏實感頓時就立體了起來。

如日劇般的生活縮影

我們在一個晴朗的下午時分散步前來，把他人的生活當成我們旅行中的風景，熱鬧的公園裡每個區塊都像在拍日劇，一群又一群學生穿著制服、背著書包玩耍著，或在噴水池前練舞，或坐在一旁的長凳聊天，微風偶爾帶來幾聲分貝提高的爆笑，讓我們好想知道他們在聊什麼有趣的話題。

沙坑與溜滑梯區更是笑聲不斷，許多家長帶著小朋友到這裡來徹底揮霍精力。身高不滿一百公分的小孩們一邊歡呼著，一邊傾力助跑，直衝斜坡頂再往下滑，每完成一回就連忙轉頭問拿著手機的媽媽有沒有拍到……

寬闊的長條形公園不只適合市民日常休憩，橫跨許多街區，每跨一個街區就呈現不同氣氛的規劃，也讓大通公園成爲大型活動的一級戰區，每年冬天的札幌雪祭、夏天的街舞祭都在此舉辦。

此外，即便是平日也有不少物產園遊會在此進行，我們前來的這天剛好遇上北海道各大酒莊與飯店共同舉辦的 WINE GARDEN 活動，滿滿人潮匯聚在此享用美食與美酒，除了座位區，也有不少人在草地上席地野餐了起來。

愜意的氣溫和舒服的公園空間，乘載的正是每個市民渴望在生活中找個空檔放鬆的心情。

下了課捨不得馬上回家的學生們，相約在公園裡延續聊不完的話題。

成群學生的笑鬧聲讓公園充滿青春氣息。

草皮上聚集了一群群野餐的市民。

原來公園裡正在舉辦夏季限定的 WINE GARDEN 紅酒園遊會。

「我、要、吃、玉、米！」

穿過公園裡的人群和花圃，大通公園招牌之一的烤玉米出現在眼前，「我、要、吃、玉、米！」一看到冒著蒸氣的玉米攤，我整個人的心神都被帶走了，趕緊拖著奕凱與ＡＺＯＮＡ靠過去仔細研究一番。

大通公園名物玉米攤，販售的可是北海道當地的名產玉米和馬鈴薯，可以單買也可以選擇兩種名物搭配的套餐。雖然距離晚餐時間有點近，但人都站在玉米攤前了，當然還是要選擇套餐好好品嘗一番，只花日幣三百五十元就能享用兩品一組的平民美食，還眞划算呢。

捧著熱騰騰的玉米和馬鈴薯在攤子旁找地方坐下，這才發現四周有不少人也正在大塊朵頤。蒸煮調理的玉米沒有添加調味，但因生長自北海道豐饒的土地基底，天然的美味不在話下，一口咬下，玉米天然的香氣與甜味在嘴裡瞬間爆發開來，讓人又驚又喜。

接著再把熱呼呼的馬鈴薯沾著奶油吃，口感香濃鬆軟。在這輕鬆的午後公園樹蔭下，吹著涼風大快朵頤，親自驗證道產野菜魅力果然所言不假啊。

登高用視覺記憶愉快的午後

稍微滿足了口腹之慾後，眼見夕陽光線頗佳，「我們要上去看看嗎？」奕凱指了指公園盡頭的札幌電視塔。「啊，你說電視塔嗎？」如此觀光的知名地標突然讓我猶豫了幾秒，但或許是大通公園良好的氣氛軟化了心中想閃避觀光勝地的莫名堅持，一想到登高望遠就能看到黃昏裡的公園全貌，就妥協地說聲「好啊！」

於是我們一起買了入場券，登上電視塔，在味覺之後，再用視覺記憶大通公園的寫意午後，而且一開始最不情願的我，最後居然還在電視塔上購買了印有吉祥物「電視台爸爸」圖案的紀念品，面對如此意志不堅的自己，我都忍不住不好意思了起來。

1 香氣四溢的玉米攤是大通公園的名場景。

2 玉米有水煮與燒燒兩種口味可選擇。

3 SAPPORO 的官方標誌像個燦爛的微笑。

1

3

2

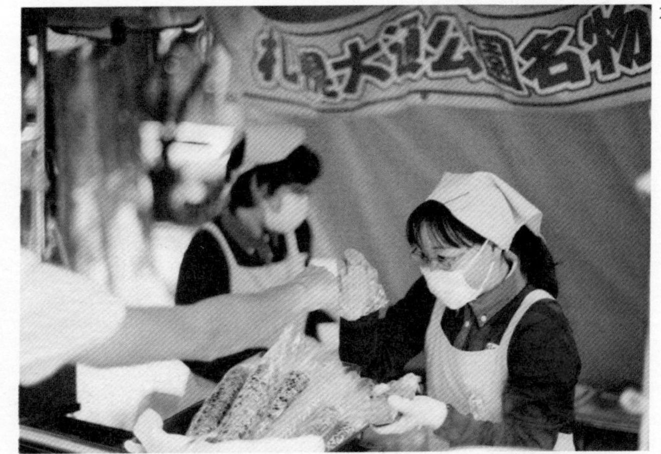

從電視塔頂俯瞰大通公園，用視覺記憶美好午後。

大通公園

乘坐地下鐵東西線、南北線、東豊線，於「大通」站下車。

www.sapporo-park.or.jp/odori

[回家路上]

地下街打烊之前的魔幻時光

在連結地下鐵的商店街裡挑兩束鮮花，買個炭烤豬肉便當佐味噌湯，超市打烊前的特價時段，就是回家路上可遇不可求的幸福時光。

[tips]

在札幌的家

讓這裡有我們專屬的模樣

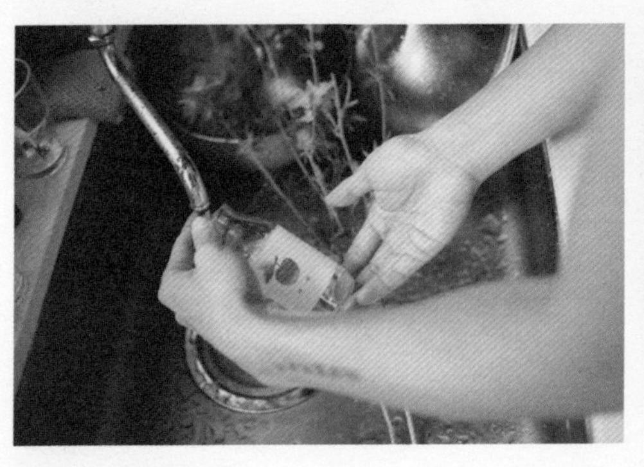

在寢室門口掛上寫著「男子休日」字樣的暖簾，在浴室裡放進剛剛買來的洗髮乳，面窗的流理臺前，排列著插上牙刷的玻璃杯，前一晚才在便利店買的吐司和雞蛋，被擺在餐櫃旁……

這天在早餐上桌之前，我們還想再用點什麼來妝點起居室的桌面。

於是決定到每天轉車回家時經過的地下街上，一間擠滿過路客的花店裡買花。在繽紛奔放的鮮花團之間，奕凱先拿起一束淡雅的磯菫、一把盛開的夏季小白菊，再配上叫不出名字的綠葉，想像著將他們搭配起來，插在我們餐桌上的模樣。

隔天奕凱起了個大早，迎著晨光把花朵一枝一枝耐心剪裁成適當大小，拿起在小金湯泡溫泉之後帶回來的牛奶瓶，再現場喝乾D&DEPARTMENT 買的玻璃瓶裝果汁，將隨手可得的瓶罐當成最棒的花瓶……

在窗台擺上兩束，餐桌上也放兩束，就這樣爲我們在札幌的家，再多增添一點淡雅的色彩。

懂得妝點日子，
就懂得讓自己生活得更有意思。

切花的時候要斜切，
讓莖可以更容易吸收到水份
把會泡到瓶水部分的葉子也一併去除

紫色跟白色
搭配起來太美了

因為瓶身比較矮，
切掉不少梗和雜葉

擺了自己插的花，
就有了真的生活在此的感覺

狸小路區

我們的札幌朋友三熊先生是位熱愛戶外活動的上班族，喜歡小酌，選物品味極佳，幸虧有他領路，我們這才發現，原來就在旅行團搶購土產的狸小路商店街外圍，有許多在地人口袋名單中的迷人小店等著我們去發掘。

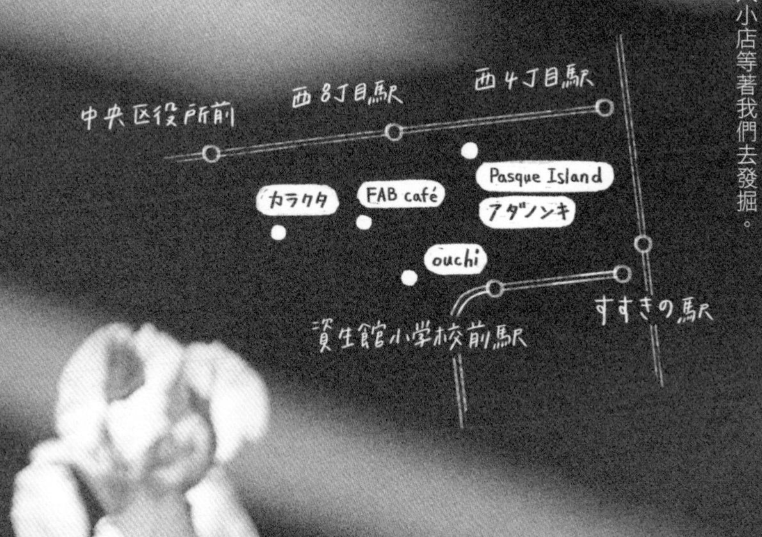

彷彿能穿透時光的美感選品店

Pasque island

位於大通公園和狸小路商店街之間的三谷大樓，其實是一棟不起眼的低調建築，要不是有三熊先生帶路，我們差一點就要錯過這棟臥虎藏龍的寶地。這棟大樓每一層樓都被分成眾多小空間，裡面有居酒屋、賣台灣茶的店、生活雜貨店、二手書店，甚至有以展覽和活動為賣點的複合式咖啡空間，三熊先生自己非常喜歡這棟大樓，興致勃勃地帶著我們一層樓一層樓介紹。

「你們看這間店，這裡的日本酒眞的非常好喝！」「啊，還有還有，這間店的餐具非常美，你們應該會喜歡，可惜現在營業時間還沒到……」「現在去二樓看看吧，記得轉角有間二手書店，你們一定要去逛逛。」

藉在地眼光探尋未知的寶藏

我們跟在三熊先生身後，看他熟門熟路地穿梭在這老舊大樓狹窄的走廊間，但由於我們抵達的時間太早了，這些個性店家幾乎都還沒開始營業……我們只好在二樓找了間從早上就開始營業的 BUND CAFÉ 稍事休息。

一進到店裡，三熊先生忍不住喃喃自語「台灣茶啊？可是你們又是台灣來的，這……」原來這是一間販售台灣茶爲主的小店，我們趕緊笑著說沒關係，能坐下來聊天比較重要，而且我們平時也很少有機會在店裡，好好的用整套茶具喝台灣茶呢。

BUND CAFÉ 店面不大但空間很舒服，採光良好，除了台灣茶，也陳列了許多以台灣爲主題的出版品，店主是位優雅的女士，看來她是一位台灣專家呢。

我們邊「入境隨俗」地品著茗，邊跟三熊先生聊了好一會兒，他在手機記事本裡翻找著，跟我們分享了許多他個人喜愛的札幌必去店家，讓我們一下子獲得不少獨家情報。

「接下來要去的這間店，我非常喜歡！」我們在接近中午時離開 BUND CAFÉ，然後在三熊先生強力推薦之下，我們隨他前往這間位於三谷大樓後棟一樓的 Pasque island 生活雜貨店。

1 三熊先生熱心帶我們認識當地人眼中的札幌。

2、3 多虧三熊先生不藏私的介紹，才讓我們遇到最喜歡的店。

1

3

2

在氣質小店裡亂了陣腳

Pasque island 的入口是鑲著毛玻璃的古樸木門，上頭印有「電話室」的字樣，這天氣溫偏高，木門斜斜開著通風，我們從門外就可看見店內狹長的空間，雜貨商品整齊地排列在緊臨牆面的棚架和店中間的矮桌上，一看就是會令我們忍不住瘋狂購買的選品路線，在櫃台後方則是看不到盡頭的整牆黑膠唱片。

由於是事先完全沒做功課的店，我們進店後想先花點時間吸收理解這間店的種種，沒想到這時，熱心的三熊先生忽然上前跟櫃台後方的老闆娘攀談了起來，並幫我們向老闆娘請求取材許可。這下讓原本打算先觀察狀況才提出取材需求的我們有點亂了陣腳。

害羞的老闆娘一時也搞不太清楚狀況，邊說著「老闆的英文比較好，那你們跟他聊吧！」邊招來了在後方工作的老闆大關先生。箭在弦上，老闆也已經來到眼前，所以我跟AZONA在只好在毫無準備的情況下，用半生不熟的英文和日文，硬著頭皮跟一頭霧水的老闆話家常。

原來這間雜貨店經歷過一次搬遷，前前後後已經開了三十多年，店名 Pasque island 是大關先生在紐約長居時待過的一個小島，夫婦倆也是在紐約的時候相識相戀的，而當我們問到老闆身後堆疊如山高的黑膠唱片收藏：「這些都是在紐約時買的，大概有五千多張，當時花了好大的力氣才運送回日本。」

老實說，面對表情嚴肅的老闆，我們剛開始跟他對話時都不禁正襟危坐，但當他一開口，和緩的語氣充滿了溫度，彷彿每一句話都依附著美好回憶，聊著聊著我們話匣子也開了，原本緊張的心情也就平復了下來。

一家店的選品常常能忠實反映出店主的個性與品味，Pasque island就反映了大關夫婦出眾的氣質，每樣商品都迷人得讓我們愛不釋手，手拭巾、琺瑯盒、杯墊、蚊香盒和圍裙等等，而且令人驚喜的是，這些商品質感極佳之外，價格也比想像中平實。「這東西如果是在東京的代官山或青山，一定是貴上兩三倍的價錢吧？」三熊先生在一旁也忍不住讚嘆。

獲得寶貴的攝影經驗與指導

正覺得逛夠了，不收手不行了的時候，一直觀察奕凱拍照的大關先生，開始用英文跟他聊了起來，原來大關先生同時也是位專業攝影師，也提供人像攝影的服務，我一進店就挑選了許多張拿在手上的明信片，正是由他親自拍攝的作品。

「我喜歡黑白攝影，但彩色相片更受歡迎。」大關先生跟我們解釋完，向奕凱借了相機去細看，教了他一些調整光圈和快門的技巧，接著令人出乎意料之外地，大關先生拿出自己的相機對我們說：「我來幫你們拍張照，洗出來再寄到台灣給你們吧。」

旅行就該享受每個預期外的轉彎

與大關夫婦的互動種種，從一開始的生疏緊張，到後來獲得心理和物質上雙重滿足，都令我們難以忘懷，實在太感謝三熊先生帶我們找到那麼厲害的地方。待大關先生幫我們拍完照，奕凱也請他們夫婦倆在店內合影一張，然後我們才依依不捨地離開。

回台灣前一天，我們又再次登門拜訪，送上第一次去時來不及致贈的新書海報，而且還順便又在店裡多買了些東西帶回台灣當伴手禮。大關夫婦一看到我們，馬上露出溫暖的笑容，還拿了剛出爐的手作鬆餅請我們吃。

AZONA也趁機會跟他們聊起在Pasque island部落格上看到大關先生舉辦爵士音樂會的事情，原來大關先生不只是攝影師，還是一名薩克斯風手，每年都會在被爵士唱片牆包圍的店裡，舉辦一兩次爵士音樂會呢。

意外造訪的店家，竟衍生出令我們念念不忘的邂逅，原來只要坦然享受這些預期外的美好，生活和旅行都會變得更加豐富、圓滿。

1

1 老闆娘身後是堆到天花板的滿牆黑膠唱片。
2 精選的手拭巾與手作鬆餅毫不違和地一同販售。
3 架上的明信片全由老闆親自拍攝。

每個角落都有畫龍點睛的陳列。
2

3

大關夫婦沉穩內斂的氣質，成就 Pasque island 迷人的魅力。

回台灣後不久，我們就收到了大關先生寄來的手沖黑白照片，還隨信附上了寫滿溫暖字句的便籤，收到的當下彷彿被 Pasque island 店內的空氣包圍般，心中充滿暖意。

Pasque island

札幌市中央区南１条西６丁目第２三谷ビル１階
☎ 011-221-8998
1200 ～ 1900（星期二至星期六）
1330 ～ 1900（星期日）
定休日：星期一
www2.snowman.ne.jp/~pasq

一次滿足暢飲與閱讀的渴求

古本とビール　アダノンキ

離開了Pasque island，三谷大樓裡還有值得逛逛的小店，上回跟三熊先生一起前來時撲空的古本とビール アダノンキ（古書與啤酒：阿檀木），是另一個我們絕對不想錯過的地方。爬上二樓，遠遠地就見到店門開著，裡頭亮著燈，這才終於放下心來，畢竟旅途短暫，店家營業與否，決定了我們是否會抱憾而歸。

讓人好感度直升的氣氛

會對古本とビール アダノンキ有興趣，一半是爲了古書，有另一半則是爲了啤酒。印象中會刻板地認爲「書店與咖啡」是最理所當然的組合吧，而當我們一聽說這裡主打古書配啤酒時，馬上覺得一定有其特別之處。

如果一間店裡有著溫暖的光線、古樸木造家具，並且提供了選品取向自成一格的商品或書籍，播放著與空間契合的背景音樂，對於我們來說這家店也就達到理想的標準。而古本とビール アダノンキ可以說是完全超越高標。

一走進店裡，越過書與商品展售的空間，隨即映入眼簾就是一個超大的木造吧檯桌，上頭貼滿了好看的貼紙，彷彿書店版「深夜食堂」的新鮮光景讓我們的好感度瞬間直升。

「你好，我們是來自台灣的男子休日委員會，正在創作一本關於札幌的書，因爲很喜歡這間店，想把它介紹給台灣的讀者，請問店裡可不可以拍照呢？」我們放好背包，從老闆遞來的菜單上，點了有夏天口感的葡萄柚啤酒後，趕緊順勢向老闆遞出名片自我介紹。攝影前先取得店家同意，是最基本也是最重要的禮貌。

「男子休日委員會嗎？我昨天在《北海道新聞》有看到你們的報導哩。」沒想到負責啤酒的男店員說出這個讓我們驚訝的答案。

「原來你們就是昨天報紙上那組台灣人啊？歡迎你們拍照喔！」一旁的老闆娘也吃了一驚。

於是我們預料外地在《北海道新聞》背書下，獲得在店內拍照的許可，並且迫不及待開始在店裡挖起寶來。

1

2

從商品感受跨越時空的心意相通

與另一間古書店トロニカ的風格不同，古本とビール アダノンキ的選品年代更爲久遠，除了一般舊書舊雜誌外，其中有個觀光導覽宣傳品專區，整理了許多數十年歷史的舊文宣，那些年代久遠的廣告傳單，封存了當時的旅行風格，大大吸引了身爲旅人的我們，仔細閱讀後更發現，原來除去不同時代背景的社會氛圍，渴望探索這世界的心情卻是跨越時空地心意相通呢。

逛完一圈後我回到座位享受午後的啤酒時光，特選的葡萄柚啤酒散發淡淡果香，清爽的口感突破了札幌初夏溫度忽冷忽熱的尷尬，帶來了正宗暢快的夏日口感。

我邊喝啤酒邊寫筆記，從店內小小聲播放著的廣播節目中，傳來的 kinki kids 的〈硝子の少年〉，在懷舊的歌曲加持下，人事時地物都剛好達到平衡的完美氣氛，著實讓我難忘。

我們享用完爽口的啤酒，埋首書堆的 AZONA 終於回到座位，她爲自己挑選了幾組一九六〇

3

4

年代的Peace紀念版菸盒，與一九七二年出版的《札幌月刊》，裡頭恰巧還記載了台灣童書作家劉怡潔的北海道一人之旅。

熟知我和奕凱興趣的AZONA不只挑好自己的商品，還順便拿了本插畫家中村佑介繪製封面的《illustration》雜誌給我，也拿了本解構佐藤卓明治美味牛乳的設計專書給奕凱，這兩本書果然都精準地投我們所好，讓我們一入手馬上拿去結帳。

原來，最得我們信賴的選品達人其實一直都在我們身邊啊。（笑）

1 古書與啤酒？絕妙的搭配不來看看怎麼可以？

2 古老的觀光宣傳物是這裡獨特的選品。

3、4 滿架的二手書值得花時間好好挖寶。

チェコの
マッチラベル
270えん
ピンバッジ
古書すがや本
第2弾!

古本とビール アダノンキ

札幌市中央区南 1 条西 6 丁目　第 2 三谷ビル 2F
☎ 011-802-6837
1400 ～ 2200（星期一至星期六）
1200 ～ 1800（星期日）
不定休
adanonki.exblog.jp

不只有氣氛，不只是咖啡店

FAB café

FAB café位於狸小路尾端，離商店街有一小段距離，門口擺了幾張美麗的舊家具，從店外乍看會以為是間古道具店，但它其實是間由個性老闆掌廚的咖啡店。之前我曾經自己光顧過一次，原本想著哪天下午要帶ＡＺＯＮＡ和奕凱來喝杯咖啡，這天卻誤打誤撞地在這裡吃到了一頓美味的晚餐。

不容小覷的週四夜晚聚餐人潮

「晚餐要吃什麼？」來到札幌最知名的商店街狸小路，滿滿店家和為數不少的觀光客旅行團讓人不知不覺就被催化了購物情緒，一旁的餐廳食堂冒出陣陣食物香氣，易餓體質的奕凱不禁發問。

「有家湯咖哩很棒，你一定會喜歡，就在七丁目上。」我信心滿滿地回答。「那間店的湯咖哩眞的非常好吃，你一定會愛的。」ＡＺＯＮＡ也如此幫腔。

某次我和ＡＺＯＮＡ在狸小路附近逛到餓了，隨意選了一間小店入內，居然意外吃到了極其美味的湯咖哩，直到回到台灣後還念念不忘，這次理所當然也把它放在「必須要再去一次」的清單中，一到狸小路附近便將這間店列為第一選項。

只是旅途中的運氣忽好忽壞，上回的幸運這回未必能派上用場，那間店門口的店員滿臉抱歉地向我們說明，不僅此刻客滿，甚至連當晚所有位子都被預訂了，我們一顆熱切想吃湯咖哩的心就這樣高高舉起又被摔到地上，當場破碎。

沒想到這還不是谷底，接下來，被我們過於輕忽的週四晚餐時段人氣大發威，連續詢問了好幾間居酒屋和日式漢堡店，也都全數客滿而不得其門而入，我們就這樣在長長的狸小路上來回走了好幾遍。

正當我們的肚子都餓到極點，覺得窮途末路之際，我忽然靈機一動地想到新的選項：FAB café。

2

1

4

3

1、2 燒豚長蔥義大利麵及沙拉美味到不行。 3 獨特的雜誌架與生活雜誌是店內搶眼的角落。 4 偌大的咖啡店在冷門的晚餐時間略顯空曠。

轉念改去咖啡店吃晚餐吧

爲了說服嚷嚷著「晚餐不要去咖啡店啦～」的ＡＺＯＮＡ，我邊帶路邊舉出之前曾經在FAB café吃過好吃的燉飯做例子，也許是太餓了關係，她在我大力推薦下半信半疑地接受這個提案。

還好，選擇聚餐地點的札幌人也都贊同ＡＺＯＮＡ的看法，晚餐時段的FAB café店內客人稀少，我們終於順利入座，並從密密麻麻的洋風菜單裡挑了三種義大利麵當晚餐。

在等待老闆料理的空檔，奕凱在店員允許下在店裡拍照，拍著拍著他忍不住表示：「老闆看起來有點嚴肅，我不太敢把鏡頭朝向廚房拍。」聽奕凱這麼說，我和ＡＺＯＮＡ跟著偷偷瞄了一眼老闆後也默默點頭同意。

FAB café店內空間寬敞，我們座位旁整牆書籍展示架似乎是自製的，簡易的固定裝置讓人忍不住多看幾眼，候餐時間恰好可以趁機翻閱雜誌書籍，店內也有不少商品販售，除了印有店名LOGO的杯子外及多種進口茶葉，另外還有可以客製化的多種相機背帶，看來老闆也是攝影愛好者呢。

氣氛與口感兼具的和洋風料理

等了好一下子，現點現做的義大利麵終於熱騰騰地上桌，也許是我們餓了太久，但當然更有可能是老闆廚藝高超，點茄汁麵的ＡＺＯＮＡ和點燒豚長蔥麵的奕凱吃沒幾口便忍不住直誇：「原本以爲這間店是吃氣氛的，但沒想到那麼好吃耶！」「這眞的好吃到不可思議！」「這料好多，不管是料和麵都很夠味！」，滿滿的好評證明我所言不虛，三人一口義大利麵搭配一句誇獎，三兩下就吃把晚餐吃光光。

吃了頓滿足的晚餐，結帳時老闆親自出來招呼，我忍不住對老闆說：「眞的好好吃喔！」一聽我這樣說，老闆臉上嚴肅的線條瞬間柔和了起來，還滿臉笑意地對我客氣道謝。

離開店後仔細一想，或許一開始見到老闆的嚴肅神情只是他面對料理時的專注，也因爲有了這樣的認眞才有在我們嘴裡迸發的美味料理，經過這一餐，我心中那串「必須要再去一次」的清單也就因此愈來愈長啦。

義大利麵的肉醬搭配麵包一同享用也是十分夠味。

FAB café

札幌市中央区南二条西 8-5-4
☎ 011-272-0128
1130 ～ 2130（星期二至星期六）
1130 ～ 2030（星期日及國定假日）
定休日：星期一

噢，終於吃到的湯咖哩！

カレー＆ごはんカフェ［ouchi］

如果你問我，來到北海道有什麼是必嘗美食，我應該會想都沒想地回覆你「湯咖哩」這個答案，這札幌地區原創的料理手法不只在當地廣受歡迎，獨特的咖哩魅力還擴散至日本全國。

湯咖哩和其他咖哩究竟有什麼差別呢？湯咖哩湯汁很水，而且在馬鈴薯和紅蘿蔔等基本配菜之外一定要添加大量各式蔬菜，如南瓜、青椒、蘆筍、秋葵甚至是高麗菜等葉菜類，拌炒之後跟肉類一起燉煮。吃的時候並不是把咖哩淋在飯上吃，而是用湯匙舀飯浸到湯汁裡再食用。

不得其門而入的殘酷宣告

第一次到北海道時我爲湯咖哩大爲驚豔，之後每每再訪北海道就必定會再次重溫那種台灣少見的美味，這次我們一下飛機也先不管三七二十一，就帶著沒吃過湯咖哩的奕凱在百貨公司的商店街吃了一頓入門餐。緊接著隔天馬上就想再帶奕凱嚐嚐我和AZONA誤打誤撞下發現的名店——位於狸小路七丁目的カレー&ごはんカフェ（咖哩與咖啡食堂）[ouchi]。

但萬萬沒想到[ouchi]會在週四晚餐時段大客滿，讓我們不得其門而入，「之後幾天的午餐跟晚餐網路訂位全滿耶，怎麼會這樣？」不死心的AZONA一走出店門馬上用手機上網訂位，結果邊滑手機邊做出這殘酷的宣告……到底要怎樣才能吃到[ouchi]的湯咖哩呢？

幸虧旅人比一般在地市民具有的優勢，就是當他人在上班上學的時候，我們還是無牽無掛的自由之身，於是三熊先生帶我們逛狸小路的這天，我們便趁著平日下午一點左右的離峰時間，快步直衝[ouchi]想碰碰運氣……

打扮入時的店員在櫃檯翻著座位登記簿，這短暫的等候時間對我們來說眞是煎熬難耐，「來，三位的話請坐這邊。」幾十秒後聽到這句話時，我們簡直像中樂透般開心得飛上天。在千鈞一髮之際入座的我們，馬上見證之後抵達的散客，一進門就被店員地告知訂位已滿的殘酷場面。

濃縮北海道物產的絕妙湯咖哩

[ouchi] 的湯咖哩分成「とろとろ（濃稠）」和「さらさら（清爽）」口味，都是以豚骨和雞肉爲底熬煮兩天，搭配二十種香料和洋蔥燉煮而成，清爽口味的湯頭還多了蔬菜當底的清甜。先選好湯底，再來選主菜種類和辣度，印象中北海道湯咖哩的照片總是能看到一支令人垂涎三尺的大雞腿，所以濃稠、雞腿、小辣湯咖哩就成了我的首選。

待湯咖哩上桌，趕緊挖一口白飯浸泡咖哩湯汁再放進嘴裡，那濃縮北海道在地物產的絕妙滋味瞬間在嘴裡擴散開來，鮮美的道產野菜、軟嫩的雞腿肉，還有層次多元的咖哩香氣，一湧而上包覆我的味蕾，扭轉了之前撲空的遺憾記憶。

小小的 [ouchi] 座位才二十席，但如果能像我們一樣好運搶在客滿前到來，店內空間並不顯侷促，從窗戶透進來的陽光，從敞開的大門吹進來的微風，都讓眼前這道湯咖哩變得更回味無窮。這天終於達成一嚐 [ouchi] 的宿願，令我們精神一振，繼續前往讓人期待的下一站。

カレー & ごはんカフェ [ouchi]

札幌市中央区南 3 条西 7 丁目 7-26
☎ 011-261-6886
1130 ~ 2300
不定休
www.mamma-cr.com/ouchi

店內繪有店員圖像，造型和本人真的一模一樣。

走到街底才有機會相遇

南インドカレーカラクタ食堂

狸小路是札幌最熱鬧的商店街，但比起人氣鼎盛的黃金地段三丁目到六丁目，我們更愛的反而是有很多食堂、選品小店、二手唱片行等豐富在地色彩的七丁目，離鬧區遠一點點，觀光色彩淡了，日常風景就會自然湧現。

古樸小店中的熱烈料理青年

某次在札幌旅行時，我隨意翻看手上的MOOK尋找晚餐去處，其中一間位於狸小路七丁目的迷你小店，南インドカレーカラクタ食堂（南印度咖哩KARAKUTA食堂）吸引了我的目光，從照片判斷這應該是我會喜歡的店，就悠閒地散步前往。那次消費令我心花怒放，在小小的店裡得到大大的滿足，於是便盤算著帶著奕凱和AZONA再次前來。

這家由年輕老闆高橋先生一手打造的小店裡，木造的吧檯上擺放著各種色彩斑斕的香料、書架上則擺上了讓人一窺老闆個人興趣的男孩漫畫和生活雜誌，保留老屋原貌的舊鋁門窗上，安裝了古樸的黃色的窗簾，牆面上則貼著大量電子音樂演出海報與旗幟，融合了文藝喜好與特色強烈的南洋風情，這一人當家的食堂中，還多了一點有爲青年的熱血。

菜單很單純，用粉筆手寫在黑板上，全以印度咖哩爲底，只要選擇豬肉、羊肉、牛肉醬或是蝦當主菜，定食附一碗爽脆的沙拉，也能加點配菜，或是印度茶與拉昔等飲料。

咖哩與金屬器具的完美搭配

カラクタ食堂裡全部都使用鋁製食器，連裝冰水的水壺都是可愛的登山鋁壺，莫非老闆是爲登山愛好者？餐盤因反覆使用而磨出的金屬光澤與香料味道濃郁的印度咖哩兩相對比，視覺刺激食慾，令人食指大動，料理一上桌我們便趕緊大口大口吃了起來。

覺得有些嗆辣過頭時，趕緊再喝口冰水降溫，吃起來實在相當過癮。我問奕凱和AZONA覺得口味如何，從他們邊吃邊點頭頻頻的表情看來，答案不用說出口，我知道這家カラクタ食堂也過了他們倆那一關。

1

2

期待還有再見面的那一天

可惜一年以後我們重回舊地時，發現カラクタ食堂正閉店中，據說老闆跑去印度進修了⋯⋯

因爲我們喜歡的 FAB café、[ouchi] 也都在狸小路尾端這一區，附近還有許多文具與雜貨選品店，大樓裡也藏了風格獨特的咖啡店等著被挖掘，只要多走幾步離開商店街，就會遇到在地人才會光顧的食堂。我們依舊會在每次到札幌時來到這裡，期待有一天，能再度看到カラクタ食堂的老闆，帶著他更加精進的廚藝，在這間可愛的小店裡專心烹調的身影。

1 小巧的食堂外表低調，稍不留神就會錯過。
2 木造吧檯出自老闆之手，一眼就讓人喜歡。
3 從牆面上的樂團旗幟和海報推測老闆是電子音樂愛好者。

南インドカレーカラクタ食堂

札幌市中央区南 2 条西 9 丁目 998
閉店中

[tips]

與當地朋友晚餐

隱身住宅區的絶頂燒肉，浅鞍

「抱歉，我們已經搭上地鐵了，可能會遲到五分鐘左右。」

我用手機打出這串訊息給水野先生。

「沒關係喔，我們已先在便利商店裡喝啤酒了！」水野先生馬上回覆了訊息，還附上一張啤酒的照片給我。

來到北海道前，我們透過日本出版社的朋友桃子小姐引薦，認識了水野先生，他們兩位都是重度哈台族，對照我們對日本流行文化如數家珍的熱愛，他們對台灣事物的熱衷也不惶多讓，我們一拍即合，常常透過網路交流。這次一確定我們的休日行程，馬上跟他們倆約好在札幌一起吃頓飯。

成吉思汗
在哪呢…

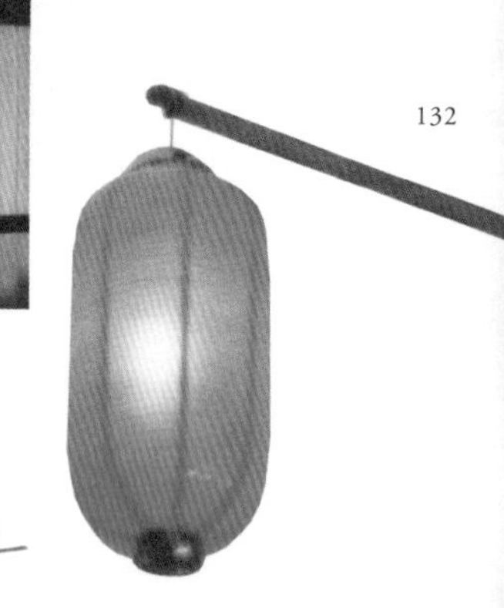

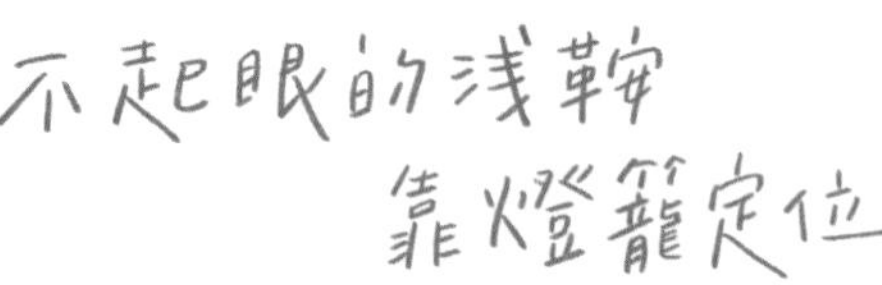

以嗅覺進行最精準的美食導航

我們和水野先生與桃子小姐約定在円山公園站四號出口，在異國有幾個在地的朋友，就好像與當地多了些連結，一旦互相約好幾點幾分在哪裡見面，原本陌生的地鐵站、不熟悉的地標景點，就因此多了幾分親切。

這晚的聚餐讓我們引頸期盼已久，因爲要一起吃的是令我們夢寐以求的成吉思汗燒肉。成吉思汗燒肉是北海道最知名的平民美食首選，其中肉材的選擇又以羊肉爲最，據說只要舉凡公司迎新、考試後的慶祝、朋友歡聚等任何歡樂的場合，都是適合享用成吉思汗的好大時機。

我們在北海道民水野先生的帶路下前行，但因爲要前往的燒肉店實在太過隱密，出了地鐵站還得走上二十分鐘，中途水野先生還拿出了 Google Map 找路。我們一行人順著手機指引拐進一條小暗巷，視線所及盡是安靜的尋常住宅，一間開業店家也沒有……

此時忽然一陣烤肉香撲鼻而來包圍了我們。「啊！有了，在那裡！」桃子小姐指著前方的民宅，和從二樓窗邊探出的一個小小紅燈籠。浅鞍，我們到了。

2F

1F

脫鞋後
還得提到二樓

好吃得讓人想大喊BRAVO！

在樓下脫了鞋，順著窄小的樓梯上樓，迎面而來是陣陣煙霧，定睛一看，早到的客人們正坐在榻榻米上把酒言歡，突然闖入的我們似乎有點擾亂了氣氛，但待我們坐下點好菜，舉起SAPPORO啤酒乾杯後，隨即融入整間店的歡樂節奏中。

「外頭一般會用圓型鐵盤吃成吉思汗燒肉，但其實我們在地人吃的都是用這種鐵網來烤的喔！」一邊大塊朵頤、狂飲啤酒的同時，水野先生也沒忘了跟我們分享這個在地小常識。

成吉思汗燒肉不愧是聚會的引信，透過烤肉所爆出的快樂情緒不只能催化氣氛，還能滿足味覺的渴求，我們一邊烤肉一邊用中文與日文交雜著聊天，醬汁入味的羊肉烤熟後，搭配著漿醃過的洋蔥一同入口，不只毫無羊騷味，軟嫩彈牙的曼妙口感融合成一種獨一無二的味覺饗宴，這初次體驗的美味讓我們頻頻叫好。水野先生又接連加點了大片薄切牛舌和碩大鮮蝦，每一樣都鮮美無比、口味絕頂，這只有在地人才會前來的店舖果然不負我們所望，好吃得讓人好想戲劇化地大喊一聲BRAVO！

初次體驗成吉思汗燒肉就達到最高標準

「這首歌好懷念喔，大概是我高中時代的歌吧？」身旁的螢幕正在播放歷年日本流行樂百萬單曲的MV。不管是宇多田、濱崎步或安室奈美惠，每一首歌都讓我一邊吃肉一邊跟著哼唱。

「我最喜歡的就是，翁立友！上次到台灣還買了他的專輯。」我才剛發表完我對日本音樂的喜愛，水野先生接續的話題則令我們大吃一驚。

「我喜歡的是盧廣仲！」桃子小姐趕緊從手機裡找出慣聽的音樂曲單來證明她對盧廣仲的熱愛。

我們從喜歡的音樂切入，天南地北地聊到台日兩地的生活和文化。中間一再「什麼？你們怎麼連這個都知道？」地，不停對雙方喜歡自己國家的細節感到驚奇。隨著話題無限延展，耳邊伴隨著熟悉的金曲，肉一盤一盤追加，啤酒也一杯一杯續滿，在各方面條件都臻於完美的這一晚，首次品嚐成吉思汗燒肉的體驗瞬間就被拉到最高標準，讓我們身心滿足如同背包與衣服沾上的燒肉味，揮之不去久久不散。

燒肉配SAPPORO啤酒
真是絕配

洋蔥→

燒肉→

配上醃漬過的
洋蔥一同食用
簡直美味絕頂

美味成吉思汗燒肉
的老闆與店員

喜歡的歌手…

翁立友

盧廣仲

安室奈美惠

information

肉の浅鞍

札幌市中央区 南5条西25丁目2-12 2F
☎ 011-561-4887
1130～1400、1700～2300
定休日：無
www.29asakura.com

ブルガリア

[回家路上]

轉車途中發光的能量補給站

無論再怎麼麼疲倦，我們仍舊會被轉運通道上迷你便利商店的微光吸引……每次都忍不住，想用一些些宵夜的陪伴，延續每個愉快的夜晚。

ROYCE

円山公園區

稍稍遠離市中心一些，我們來到了地下鐵円山公園站，觸目所及盡是被綠意包圍的自然風景，讓人有這座城市其實是座巨大公園的錯覺，這一區有神宮、動物園、滑雪場以及深藏在巷弄裡各種店鋪，是札幌市內景點最多元的一區，旅途中的悠閒時光適合在此好好耗費。

TSURU CAFÉ

西28丁目駅

円山公園駅

北海道神宮

カフェ森彦

もみの木50

円山動物園

一起許下簡單而重要的心願

北海道神宮

每回來到北海道神宮，都忍不住讚嘆宮社那神聖穩重的設計，北海道神宮信奉「開拓三神」與明治天皇，來此參拜的人潮絡繹不絕，這裡不只是著名的觀光景點，更是北海道民的信仰中心。

跟當地人一起向天神祈禱

我們起了個大早搭地鐵到円山公園站，循著地鐵站內的指示慢慢散步前往公園。

円山公園曾經是北海道開拓時期的樹木實驗場，所以園區裡的參天古木直挺挺地昂然而立，在此起彼落的烏鴉叫聲中，我們穿過樹林和巨大的鳥居，微風拂來，穿過沙沙作響的茂密葉叢，帶來初夏的涼爽氣息。順著指標牌的方向散步十分鐘左右，就看到了著名的北海道神宮。

我們跟在來修學旅行的中學生身後，學著他們在入口處舀水洗淨雙手，再前往拜殿，在賽錢箱內投入銅板，用雙手拍響聲音，然後合十許願。

參拜後，再到販賣部買一枚繪馬，寫上「祝家人朋友健康平安」，希望這小小的繪馬能將這最簡單卻也是最重要的心願，傳達給天上神祇。

用最低限度的消費獲得最大滿足

許完了願，早上匆促出門來不及吃早餐的我們，緊接著到一旁的六花亭小店覓食。六花亭是源自帶廣的點心店，所有人來到北海道都會帶上幾盒這間店的土產。而設在北海道神宮園區內的迷你分店，就是參拜後歇腳的好去處。

有別於一般土產店商品得大盒大盒地買，在這間迷你分店裡，可以單買一枚烤麻糬、一片蘋果巧克力或蜂蜜蛋糕，用最低限度的消費帶來最大的滿足。

店內還附上免費的熱茶供客人搭配點心，我們就坐在門廊前的板凳上，一面咬著餅乾，一面幫相機換起底片，用這樣簡短的休憩時光爲虔誠的參拜行程畫下一個甜甜的句號。

1 參拜前需舀水洗淨雙手。
2 不管什麼心願，都希望上天保佑我們踏實地實現。
3 曾是樹木實驗場的公園裡，古木參天，很有氣勢。

1

在繪馬上寫下最簡單
也是最重要的願望。

3

2

北海道神宮

札幌市中央区宮ヶ丘 474
☎ 011-611-0264
0700 ~ 1600（冬季）
0600 ~ 1700（夏季）
www.hokkaidojingu.or.jp

散步上山去看北極熊寶寶

円山動物園

「快點來研究一下北極熊住在哪裡？」在円山動物園入口處買了門票入場，我們隨即興奮地在園區地圖上尋找北極熊園區，得先向長頸鹿與馬來貘說抱歉，猴子們也等等再去打招呼，此時此刻我們心神都集中在北極熊 LALA 和她的北極熊寶寶身上。

一起在動物園裡童心大發

一早來到偌大的円山公園區域，參拜完北海道神宮後可別急著離開，一路順著山路向上，擁有近七十年歷史的円山動物園，以及可愛的動物住民們正等著我們大駕光臨。

上山時沿路都是大片大片的樹林，穿過林子而吹拂而來的風消解了爬山的燥熱，雖然大約要走上十五分鐘，卻不覺得漫長。

平時百無聊賴的生活裡，我們本來就三不五時會想去動物園走走看看，當知道我們在市面上看到的可愛白熊商品都是來自円山動物園時，不禁興起想去一窺本尊的念頭，畢竟身處台灣的我們還眞的沒見過北極熊呢。

円山動物園是一個小型的市區動物園，幅員不大可以輕鬆快速地參觀，也因此成爲幼稚園校外教學的最佳場所，路邊草皮和休息區目光所及盡是成群的幼稚園小朋友，大家戴著辨別班級用的各色可愛帽子高聲歡笑著。

跟在這些小朋友身後的我們，也被感染了興奮的情緒。不管實際的年齡差距，在動物園裡我們都擁有一樣的初心，途中還不小心被小朋友的驚呼聲吸引，因企鵝的逗趣模樣而分心了一會兒。

在動物明星面前人來瘋

不過我們很快地「回歸正軌」。出發前在新聞上看到円山動物園內有小北極熊出生的消息，便一直期待來此一睹白熊寶寶風采。在這樣的「追星」情緒下，一時興起就讓北極熊園區外的工作人員幫我們穿戴上熊手套拍攝了紀念寫眞……原本我們都覺得自己不太可能會去體驗這種有些害羞的事，但在旅行的開心情緒渲染之下，突然變得很樂於嘗試。

領取了現場列印出來、還熱騰騰的紀念照片之後，我們終於抵達北極熊園區。在眾人圍繞之下，LALA與她的北極熊寶寶正自在地玩耍著。「媽咪，寶寶在哪裡呢？」、「好可愛喔！」、「光是靜靜看著就覺得好療癒！」不管大小朋友都爭相往前想更靠近一點看，北極熊母子不管玩球或是咬輪胎，只要活潑的北極熊寶寶有一些比較大的動作，人群就會開始騷動，手中相機也停不下來地猛按快門。

我們盡情滿足了親近北極熊的渴望後，帶著接下來看到什麼動物都算賺到的心情，順著參觀動線在園區裡輕鬆地閒逛起來。直到進入園區的官方商店，我們再度亂了方寸。

円山動物園有許多可愛的官方商品，不管是自行開發或是異業合作的限定商品，都可愛得有一種讓人忍不住掏錢包的魔力，好吃的餅乾還提供了動物園限定的小包裝，送禮自用兩相宜。「我要買這個袋子送朋友，然後我自己要買這個貼紙和這個公仔。」不能把北極熊寶寶帶回家，就帶回這些可愛的商品，來延長美好回憶的保存期限吧。

（左頁）棕熊也是深受小朋友喜愛的動物之一。　（右頁）北極熊母子的一舉一動都是大家的目光焦點，北極熊寶寶也活潑地不斷玩耍，引起陣陣驚呼。

1 長頸鹿悠閒進食的樣子也吸引了許多遊客。
2 園區內也有食堂，來玩耍不用擔心餓肚子。
3 成群的幼稚園小朋友，為動物園增加不少笑鬧聲。

1

3

2

円山動物園

札幌市中央区宮ヶ丘 3 番地 1
☎ 011-621-1426
0900 ～ 1700（冬季至 1600）
定休日：12 月 29 日～ 12 月 31 日
www.city.sapporo.jp/zoo

鹹派與蛋糕的美味雙重奏

TSURU CAFÉ

旅途中最困難的是取捨，因為時間有限、預算有限、連胃的容量都有限。TSURU CAFÉ 寬廣漂亮的玻璃櫃上排列著多種口味的鹹派，而冷藏櫃中還有十多款作工精細、色澤亮眼的甜點蛋糕，對著我們散發奪目光芒，令人難以抉擇。

點餐就是旅途中最難解的選擇題

肚子餓的時候，鹹食往往比甜食來得吸引人，下午一點左右，肚子餓的聲響提醒了沒吃早餐的我們該覓食了，幸好身在円山公園區，巷弄間有許多氣質清新的小店可供我們挑選，我也在出發前就挑出多家看似美味的店家當選項，一離開動物園我便馬上確認了目標，朝著鹹派與甜點店 TSURU CAFÉ 直接出發。

沒想到進了店裡，挑戰才開始。要選出一款鹹派已經夠艱難，更何況冷藏櫃裡的點心每種看來都美味無比，「怎麼辦？那個有草莓的看起來很棒，這個上裝飾了泡芙的好像也很厲害。」彷彿碰上世上最難解的問題般，我們紛紛陷入天人交戰。好不容易才點好餐，接著店員幫我們將兩張雙人桌併在一起，我們這才發現店內雖然空間很大，但座位居然只有五張兩人桌。極少的桌次讓客人擁有最舒適的空間，身後牆上有展覽，桌旁的書架上有雜誌，設置得宜的音響流洩著復古的西洋音樂，TSURU CAFÉ 善用空間想營造傳達的舒服氛圍，一下子就能感受的到。

甜鹹食都精彩的高超功力

鹹派上桌的時候，我們趁機與店員聊天，她好奇我們是哪一國的旅人，也好奇爲何我們會選擇到北海道旅行，我笑說：「這是我第五次來札幌，我好喜歡札幌！」她很訝異地告訴我們，她才剛搬到札幌一年多，也很喜歡札幌呢。

AZONA 順手翻閱了店內的雜誌，發現其中一本點心專刊裡面剛好刊載了這間店的報導，原來店裡的糕點多半都出自店主 AYA 之手，她在東京的法式點心店研修時與廚師老公 HIRO 相遇，並於二〇一四年搬回老公的故鄉北海道開設了這家店。

裝滿鹹派與蛋糕的玻璃櫃讓人心花怒放。

「天啊，好香喔，我要吃了啦。」用餐前都會先拍照記錄的奕凱耐不住眼前美食誘惑，頻頻喊餓。「這蝦子跟培根都好大塊，好好吃喔！」我和AZONA早已毫無同情心地大塊朵頤起來。

吃完了鹹派，兩款蛋糕也接著上桌，店內招牌的巧克力蛋糕味道微苦，有著濃郁的大人風味；香橙奶油塔的塔底皮厚夠味，上頭的泡芙不只是可愛的裝飾，一口咬下，那充滿焦糖香氣的多層次口感更讓我們嘖嘖稱奇。

我們就這樣在TSURU CAFÉ一口氣解決了午餐和下午茶，這兩個願望一次滿足的行程卻給我們帶來了甜蜜的困擾——円山公園區周邊想去的店還那麼多，結果在這裡就大飽口福地吃撐了，這下該怎麼辦才好？

1 野鴨煙燻牛肉三明治
2 煙燻鮭魚三明治
3 TSURU Noël 巧克力蛋糕
4 聖諾黑香緹泡芙塔
5 蝦蔬鹹派
6「印加覺醒」香芋鹹派

TSURU CAFÉ

札幌市中央区宮の森2条5丁目2-8 1F
☎ 011-631-2626
10:00 ～ 20:00
定休日：星期三
tsurucafe.jugem.jp

找到了！巷弄裡的神祕小屋

もみの木 SO

一群志同道合的人聚在一起做喜歡的事，這畫面光想就覺得很好看，在西十八丁目區域有集合工坊 SPACE1-15，而在地下鐵円山公園站附近也有棟匯集四家店鋪的小小空間——もみの木 SO（mominoki SO）。如同童話繪本裡的糖果屋般，木造三層樓建築藏身不起眼的巷弄中，無論是慕名而來或是無意間經過，發現時都令人驚喜。

我一出地鐵站便熟門熟路地帶頭走著，沿路經過的盡是安靜的住宅區。「這裡眞的會有店喔？」奕凱和 AZONA 不由得發出疑問。「有啊，這旁邊有一家雜貨，那邊有一家仙貝店，円山公園這區的特色就是，店家隱身在住宅區裡。」我像導遊般說明著。

「耶？這間是什麼？好漂亮喔！」途中出現了一棟牆面爬滿植物的木屋，奕凱發出驚呼的同時直覺地舉起相機捕捉畫面。「這間是札幌最有名的咖啡名店森彥，等下再來！我們要去的もみの木 SO 就在對面。」我指向小巷前方岔開的小弄，這位置眞的非常神祕。

飄著點心香——
COUSCOUS OVEN + HOPPERS

才剛抵達もみの木 SO，一樓的 COUSCOUS OVEN + HOPPERS 就飄出濃濃的餅乾香。奶油和小麥烘烤後的好聞香味讓人忍不住多呼吸幾口。這間由兩個女生好友共同經營的小店裡，除了手工餅乾、點心、各國特選食材之外，還販售少量文具、獨立刊物與生活道具等雜貨，店鋪空間並不大，但每個角落都有有趣的商品等著被發現。

喜歡在旅途中寄明信片給朋友的我，一下子就挑了好幾張明信片，還沒忘在羅列各國食材的櫃子裡，選上一包印有可愛貓頭鷹圖案的茶葉，準備當成伴手禮。AZONA 跟我買了同樣的烘培茶，還在架上找到一枚畫了小松鼠的反核胸章。而奕凱則挑到一款造型有趣水貍盤子，和一個聲音特別的沙鈴。

在我們挑選商品時，女店主正在櫃台後的廚房裡忙進忙出，料理著一批一批新出爐的點心。

1

2

結帳時，明明剛剛在 TSURU CAFÉ 已經吃得很飽，但還是抵擋不住香味攻勢多拿了一包小點心，店主邊幫我打包，邊詢問我的日文在哪裡學的？對當地人來說，外國人會說上一點自己的語言還真是讓他們好奇不已。輪到奕凱結帳時，她還直率地問說，「那你會日文嗎？如果你不會的話，那這個店裡發行的情報傳單就不給你囉。」奕凱笑得一臉尷尬，我趕緊緩頰：「他也正在學習中啦！」結束這逗趣的互動。

1 店內商品種類繁多，牆上眾多手繪明信片讓我無法招架。

2 店的盡頭陳列各種精選食材，右邊則是點心廚房。

VÄXTERNAS LIV

在presse裡遇到愛台灣的女老闆

逛完了一樓，接下來得脫下鞋子，才能從漂亮的木造樓梯上樓。二樓有間叫做presse的生活用品店，以「日常生活中的故事」爲主題，在偌大空間裡像藝廊一般展示著來自世界各地的品項，特別以北歐風格商品爲大宗，狹長的店面在午後陽光照耀下，美得像從雜誌裡投影出來的3D畫面一樣。

逛著逛著，奕凱和AZONA被一本以台灣爲主題的旅遊書《台湾旅ノート》給吸引了，這本書以漂亮的水彩和手寫字，呈現出新鮮的台灣樣貌，看到日本畫家眼中台灣的特色與風景，我們忍不住翻閱了許久。看店的女老闆見我們對這本書興致盎然，便介紹這是她的畫家朋友OHNO Kiyomi的作品，由於她們都同樣非常喜歡台灣，一聽到我們來自台灣，就這樣順勢聊開了。

「好想去台南看看喔！」「出產芒果的玉井好玩嗎？」「台灣有沒有適合游泳的海呢？」，不同於一般觀光客，老闆的問題十分專業，我們趕緊告訴她如何安排在台南、高雄的旅遊，以及從高雄前往墾丁的方法，希望美麗的南方海洋能成爲她下一次台灣行的完美解答。

旅行就是帶著對於異國的期待前往每個我們想去的地方。在旅途中，我們不停地在驗證這些異國風光是否如同我們心裡所想，而在這間巷弄裡的小店裡，我們意外從在地人的口中聽見了他們對台灣的想望。這友善的交流，不僅讓我們互相感謝彼此懂得兩地分別獨有的優點，也讓我們有機會回過頭去，更加珍惜自己家鄉得天獨厚的模樣。

1 斑斕的手工藝用毛線擺在一起，為店內妝點色彩。
2 架上陳列的生活用品精緻又典雅。
3 午後灑落的陽光讓店景像雜誌畫面的 3D 投影。

1

3

2

もみの木 SO

札幌市中央区南3条西26丁目2-23
blog.goo.ne.jp/mominoki123

COUSCOUS OVEN
＋ HOPPERS

☎ 011-614-2753
1100 ～ 1700
定休日：星期一
www.couscoushoppers.com

presse

☎ 011-215-7981
1200 ～ 1800
（星期日至 1700）
定休日：星期一
momentsdepresse.com

喝進一座森林的芬芳

森彥

當我們從もみの木ＳＯ滿載而歸，
時間已近下午四點，接下來的目標不做他想，
當然是方才路過的那間誘人咖啡店——森彥。

森彥是家由古老木造民宅所改建的咖啡店，在夕陽照耀之下，爬滿綠色植物的外觀彷彿訴說著這老宅的故事，讓我們在進門前就駐足許久。

手工刻上店名的木頭招牌藏身在樹叢間，搭配屋旁整牆堆放妥當的柴薪，若想像力奔馳遠一些，說不定腦中已經出現什麼在森林裡工作的小矮人的畫面。

遠近馳名所以一位難求

森彥身爲札幌最知名的咖啡店之一，原以爲四點多來到應該可以避開人潮洶湧的尖峰時段，只是沒想到事與願違，入店後我們被安排在窄窄的一樓角落，但爲了親自品嘗這遠近馳名的咖啡，三個人大包小包地屈就在這僅剩的角落也就不算什麼了。

一九九六年開設的的森彥用品質極佳的咖啡與老闆的好品味，成功在札幌競爭激烈的咖啡市場佔有一席之地，截至目前爲止，已經開設四家風格與名字都不同的分店。我們所在的森彥是創始店。

雖然現在能將森彥所在的方位理解得一清二楚，但還記得第一次想來森彥的時候，拿著手機導航再搭配雜誌上的地圖，從円山公園站出來後仍然迷失了方向，一路好像在尋寶般地左拐右彎才找到隱密小巷的入口。

森彥一樓的燈光有些昏暗，但依舊看得到好看的骨董改造桌椅上的木紋光澤，我們一起擠著看菜單的這張桌子，還是用縫紉機所改造而成的呢。不遠處的店員忙碌地沖著咖啡，讓整個空間飄散誘人咖啡香。

幸好不一會兒就聽見櫃台處有一些客人結帳離開的聲音，「樓上已經有空位了，請上二樓吧！」聽到店員救贖般的這句話，我們趕緊提著背包爬上陡峭的樓梯，到二樓寬大的四人桌坐下。

咖啡香醇餘味令人難忘

二樓的桌次雖然也不多，但巧妙地圍繞著可以俯瞰一樓的天井排列，聽著走動時木質地板的聲響，映著窗外的綠意，每個細節都讓森彥擁有難以取代的獨特魅力。

另外，二樓的客人想點餐時，只需要輕輕搖晃桌上的鈴鐺（每桌的鈴鐺還長得不一樣），店員聽見了就會前來為你點餐。可惜我們早就在一樓點好了這間店獨有的夢幻咖啡「森の雫」，不然還眞想試試這個搖鈴呢。

「這咖啡好好喝喔，味道很渾厚，而且留在嘴巴裡的味道很香。」平日嗜喝咖啡的奕凱給了森彥高度肯定。「樓下有各種咖啡豆現磨，等下可以買個半磅回去。」AZONA馬上為大家擬好敗家計劃。

想把當下品嘗到的口味帶回到遠方的家裡，應該是每個旅人心裡最常出現的念頭，即便無法分毫不差地重現，但若能用味覺喚醒一趟回憶醇美的旅行，那種屬於自己與旅伴才懂的感動，也就能像這杯咖啡的香味般繚繞在心。

我們邊喝著咖啡邊複習這天在円山公園周邊四處遊走的行程，近五點的時候牆上古老的鐘像在插嘴般莫名地敲了六下，我們不禁一起笑出聲來。

身邊原本滿席的空間慢慢空出了座位，若把畫面再拉遠一點，可以看見刺眼的斜陽正準備要與夜晚交班，而我們的札幌休日，也又完成了充實的一段。

當店限定的森の雫咖啡，味道渾厚口齒留香。是奕凱的最愛。

森彦

札幌市中央区南 2 条西 26 丁目 2-18
☎ 011-622-8880
1100 ～ 2130（星期一至星期五，國定假日）
1000 ～ 2130（週末）
定休日：12 月 28 日～ 1 月 1 日
morihiko-coffee.com/shop/morihico

[休日 music]

休日裡的播放清單

music 1

《SUN》——星野源

民謠歌手用復古舞曲大變身，星野源從帶有爽朗笑容的封面開始，用如燦爛朝陽般的歌喚醒我們每個昏昏欲睡的早晨，〈SUN〉有揮之不去的深刻旋律、〈MOON Sick〉有瀟灑的爵士氣氛，在星野源的歌裡，我們輕鬆愜意、身心暢快從日出歡樂到月昇。

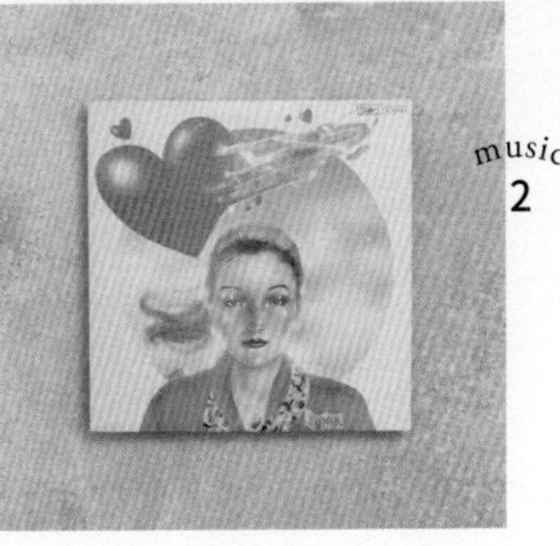

music 2

《COBALT HOUR》——荒井由實

收錄跨世代傳唱不息的畢業金曲〈卒業写眞〉、動畫《魔女の宅急便》的片頭曲〈ルージュの伝言〉，日本新音樂天后松任谷由實七〇年代經典專輯，別具一格的唱腔搭配沁入心脾的個人創作，時隔多年聽來仍閃閃發亮。在旅途中意外入手的黑膠唱片在我們的旅行路上一路陪伴，令我們如同小魔女琪琪一般，保持著滿腔好奇，用力探索世界的精彩。

※荒井由實為松任谷由實婚前的本名。

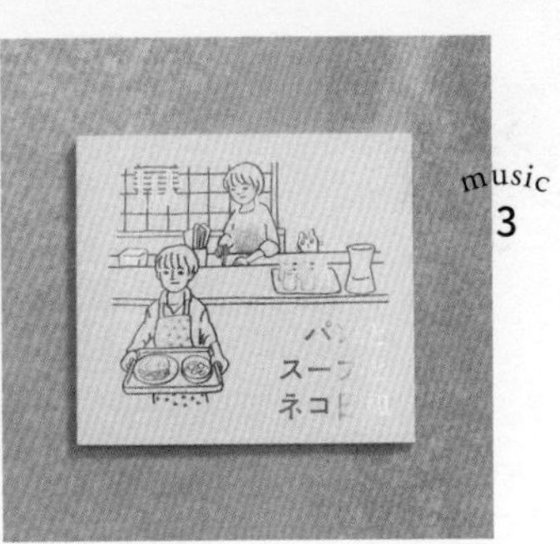

music 3

《パンとスープとネコ日和》——金子隆博

寫意的曲風、清新的日常風景，這張日劇原聲帶歌如其名，有煦煦陽光又帶著一種城市烏托邦的悠閒氣息。每一天，當我們互相道早安，當我們動手做早餐，當我們襯著歌做任何事的時候，就好像正在出演日劇一般，在札幌找到我們最想要的生活姿態。

每天早上六點半，手機鬧鐘都會準時播放晨間劇的主旋律，初夏的札幌清晨，氣溫仍舊低於十五度，深陷溫暖被窩中的我們，總需要掙扎一下才能起床。

481.4
BEGIN RUN

[tips]

在札幌的家

今天就用早餐跟彼此說早安

爲了替自己居住過的每個城市畫下跑步地圖，這天早晨，奕凱特別比平常更早起床準備去晨跑。從我們居住的地方出發，沿著豊平川、穿過中島公園，再繞到豊平公園，預計跑上十公里。

「我準備要出門囉！」

聽到奕凱在房外的叫喚，我和AZONA也跟著起床，披上外套到院子裡目送做完暖身操的奕凱跑遠，然後再一邊喊著「好冷！」一邊回到屋子裡張羅早餐，等奕凱跑步回來，就可以一起享用。

07:00
north
RUNNING
ROUTE
文
八条中学校
our
home
米里行啓通

我和AZONA分頭在廚房裡洗菜切菜，她打算做一盆顏色繽紛的溫沙拉，而我則打算用當季蘆筍做我最愛的蘆筍培根捲。在異地旅行，最棒的就是住處能有廚房與餐具，超市裡看起來鮮嫩欲滴的在地食材，就此開始與我們發生關連，前一晚我們先在狸小路上主打北海道物產的超市裡買了新鮮野菜和培根，打算爲自己料理當地限定的早餐。

一個多小時後，滿身大汗的奕凱精神奕奕地回來了，我和AZONA也正把擺好盤的早餐端上桌，陽光從緊鄰院子的落地窗外曬了進來，打亮了我們的早餐桌，但空氣回溫的速度好像有點慢，於是我們開了暖氣。我把屋主的黑膠唱片放入唱機，在Bill Evens Trio的鋼琴聲中，一邊聽奕凱分享剛跑步時的趣事，一邊把桌上的食物通通吃光。

這天我們一起早起，用早餐對彼此說早安。

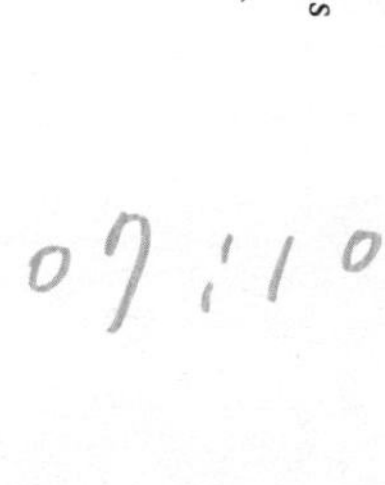

07:28
在超市也可以買到好吃的沙拉醬
水好冰喔!
這裡果然是北海道!
豐平川
幌平橋
地下鉄
米里行啟通
IK
07:23
跑步途中看見許多漂亮的花
起跑!

07:35

農場的雞蛋好新鮮，煎起來好香～

這個土司的顏色

焦得很剛好耶！

現在的蘆筍最好吃！
蘆筍培根捲
是我拿手菜
07:42
07:50
好巧！都穿藍色
←米里行啟通
西7丁目通
4K
中島公園
札幌護国神社
幌平橋駅

早餐快好了，奕凱應該快回來了吧

07:56

lemon pound cake

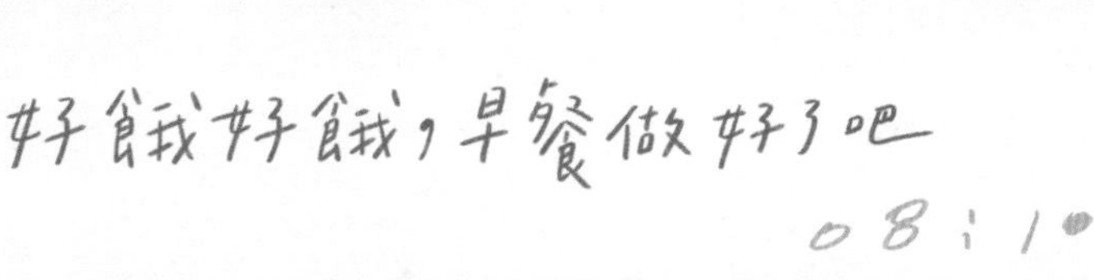

好餓好餓，早餐做好了吧

08:10

7-11

6K

菊水旭山公園通

中島公園駅

Yakult
ソフール
LAWSON

照片提供／男子休日委員會

照片提供／男子休日委員會

NIKE

我回來囉，
一起吃早餐吧！

08:20

home
文
八条中学校
米里行啟通
10K

陽子太太、

日安，好久不見，我是AZONA。
農場的大家都好嗎？

三月的時候我寄了一封信給您。
不知道您收到了嗎？
下週，我們又要再度前往札幌，
繼續上次未完的旅程。
同時，因為想見陽子太太您一面，
5月30日星期六，
想去小樽野菜市集幫忙您賣菜好嗎？
期待您的回覆。

AZONA

AZONA早安。

你的信當然收到囉。
（好長好長的信，我反覆讀了好幾遍）
不回信不行啊～每天都記著這件事情，
卻一直還沒回信，真是抱歉啊。
想著要問你們什麼時候要再來呢？
去年沒辦法去的二世谷咖啡音樂節，
今年會去參加嗎？

奕凱跟dato，他們都好嗎？
要來幫忙我賣菜的事情，非常歡迎喔！
一樣是11點開始賣，地點跟之前一樣。

上禮拜，
我的二女兒夫婦（去年秋天時結婚的）
搬到積丹來了，接下來會一起經營農場。
最近忙著各種播種和種馬鈴薯的事情，
非常的忙碌。

我們5月30日在小樽一起吃午餐吧，
好期待呀。

陽子

小樽
おたる

直接從農人手中購買的道產野菜！

小樽無農藥野菜市

「馬鈴薯裝到滿，兩百元喔！」

「好好吃的馬鈴薯，請吃吃看！」

在小樽的商店街裡，我扯著喉嚨用日文對著路人叫賣，而AZONA也正在一旁忙得不可開交，一邊側耳聽著婆婆媽媽的問題，一邊準備找錢給剛買了一盒雞蛋的小姐。

這個氣候怡人的星期六，我們一大早從札幌搭電車到小樽，在一週一回的無農藥野菜市集跟許久未見的陽子太太會合。陽子太太是我們在積丹半島打工換宿時的農場主人，當時受到她頗多照顧，也是因爲她，我們有機會體驗到充實的農家生活。只是當我們抵達商店街，還來不及跟陽子太太好好敘舊，就得趕緊捲起袖子幫忙攤位佈場，準備在十一點準時開市。

「十一點才開始賣喔，請稍等一下。」面對每個心急的顧客，陽子太太客氣地請他們稍安勿躁。只是，農場出產的有機野菜物美價廉且數量有限，攤位前人人都深怕自己會錯失難得的機會，紛紛將想買的農產品緊抓在手中，並不停遞出零錢想要搶先結帳。面前擠滿了蓄勢待發的客人，即便只有短短數分鐘的等待也令我們緊張屏息。時間一到，待陽子太太下達指令，我們便一鼓作氣地將一整排裝滿新鮮蔬菜的塑膠籃，推至商店街中央正式開賣！在旁等待多時的婆婆媽媽也瞬間爭先恐後地一擁而上，那戰鬥力十足的神情與積極的動作，還眞是難得一見的市集風景。

除了招牌商品有機雞蛋和新鮮韭菜外，這天還販售如土當歸、蜂斗菜、乾椎茸等積丹山才有的山菜，另一個銷售重點就是三大籃經過冬藏的男爵馬鈴薯與北海黃金薯。這天叫賣馬鈴薯的重責大任落在我身上，我先向陽子太太學了「裝到滿」的日文講法，然後照著她教的方法，先拿塑膠袋試裝一帶樣品對著路人叫賣。平日在台灣因工作所需，常常在活動現場叫賣書籍，所以我並不會怯場，但在北海道用破日文攬客還眞是頭一遭，好玩極了！

1

2

雖然我與婆婆媽媽們語言不太通，但「裝到滿」這句充滿魔力的話語一樣吸引她們前來光顧，只見她們拚命從籃子裡撈出馬鈴薯裝袋，還七嘴八舌討論該買男爵好還是買北海黃金好，我見狀補上一句「MIX也OK喔！」，混亂中還趕緊拿出陽子太太準備的試吃品，拿牙籤插好請她們先嘗看看味道再買。

最好笑的是，客人試吃後紛紛稀哩呼嚕對我問了一堆問題，但其實我一句也聽不懂，只能搖頭回答「我是台灣人啦！」，客人還一臉恍然大悟說「唉呦，你日文很好哩。」讓根本只會幾句叫賣台詞的我忍不住抓頭傻笑。

超人氣的積丹野菜讓AZONA算帳、找錢和包裝的手從頭到尾沒停過，沒多久野菜類就幾乎被一掃而空，AZONA也連忙趁空檔搶下一包椎茸和一盒雞蛋，打算帶回札幌料理。半小時不到，馬鈴薯即將售罄，陽子太太巡視攤位，決定等馬鈴薯賣完就可以收工，我一聽馬上火力全開，希望能快點達到完售目標。

「最後一袋囉，這麼多的馬鈴薯只要兩百元喔！」

1 有機雞蛋除了現場販售，也可以先電話預定。 2 農場的山蔬是熱銷商品，一下子就被一掃而空。

1 陽子太太親切地回應客人的提問。

2 有機野菜新鮮又便宜，數量有限，要買要快。

3 開市瞬間一擁而上的客人讓我們頓時手忙腳亂。

1

3

2

無農薬野菜市

北海道小樽市稲穂 2 都通商店街
☎ 0134-32-6372
1100 ～各店完售
營業區間：5 ～ 11 月上旬每周六

乗車券
26-6.19
小樽 ¥1130
0879

「明天早上六點以前就要吃完早餐，在九點前要完成出發的準備喔，沒問題吧？」

每週一次的星期六市集日前一晚，陽子太太事先跟我們這麼說明著。

「星期六只要工作半天，下午你們可以出去玩喔，不過若你們誰願意的話，也可以有一個人跟我去市集賣菜。」

//

一年前的夏天週六早晨，我們在積丹的農場裡幫忙陽子太太一起準備出貨，然後由AZONA和陽子太太一起，載著滿車的新鮮野菜到小樽的市集販售，當時眞的沒想到一年以後，我們會三人一起在這裡跟陽子太太相聚。

我一邊奮力推銷著超級划算的馬鈴薯，思緒一邊不聽使喚地回到一年前的積丹農場裡……

3
おたる散策バス
Otaru Stroller's Bus
B 天狗山コース
C 祝　津コース
天狗山ロープウェイ（スキー場）
for Mt. Tenguyama Ropeway (Ski area)
祝津・おたる水族館
for Shukutsu / Otaru Aquarium

紀伊國屋書店
2F
ービル商店街
札幌ゆき高速バスのりば
35-80

陽子太太，您好嗎？

好久不見了，現在北海道還很冷吧？從北海道回到台北已經過了大半年，這麼久沒跟您聯絡真是抱歉。在農場度過的日子真的非常快樂。每天午茶和用餐時，跟您和信哉先生聊的許多事情，一直到現在，我都還記的很清楚。

在農場的短短幾天，那純粹由種植、採收、直接交易、烹煮串接而成的生活型態，以及碰觸到土地和食材時感覺到的充實，一次又一次地衝擊著我，也許是徹底地離開了平常的生活和工作的關係，思緒似乎逐漸變得清楚……我們開始重新審視，自己生活中最重要的事情到底是什麼。

記得第一天下午，我們花了老半天，只整理了農場邊上的一小部分荒地。收工後回到屋子裡，信哉先生拿出陽子太太您準備的三方六蛋糕，並泡了熱茶，我們一邊休息、吃點心，信哉先生告訴我們，年底時小女兒夫婦會搬來農場，所以打算把那塊荒地開墾成果園，「想想看，等你們下次再來的時候，也許就會看到原本的荒地變成果園了也說不定喔。」

每次想起那個片刻，想到自己目睹了這一個單純立定了目標之後，馬上開始一步步地執行的起點，都覺得非常的感動……

雖然現在的我們，還是不太知道自己理想生活的樣貌到底是什麼樣子，但就像在農場的那天下午，面對著那一片依舊漫長著歪樹野藤、堆積大小石礫的荒地，我們卻已經先偷偷地開始想像著，在一點一點清除掉雜草石塊的很久之後，終於擁有了美麗果園的那一天。

積丹農場休日

我們的北海道休日原點

因為想要更深刻地體會北海道的生活，我們在旅途中加入了農場打工換宿的行程……

二〇一四年的夏天，我們從札幌往西北方出發，搭電車到小樽後，再接著轉乘巴士，前往陽子太太和信哉先生在積丹半島的農場。

day1

［午前］抵達農場，完成報到手續

［午餐］跟陽子一起做義大利麵

［午後作業］荒地整頓、玉米田除草、採收草莓和春菊（山茼蒿）

［晚餐］陽子流壽喜燒

［晚間作業］新鮮雞蛋擦拭裝盒

day2

［早晨作業］餵雞、撿雞蛋

［早餐］烤土司、煎蛋、火腿和新鮮草莓

［午前作業］溫室工作、玉米播種

［午餐］煎蛋捲、炒山蔬、竹筍海帶拌菜、涼拌小黃瓜

［午後作業］玉米田施肥、採收蒜苗

［晚餐］蒜苗蝦仁天婦羅、野菜沙拉、綜合炒豆

［晚間作業］蒜苗整理

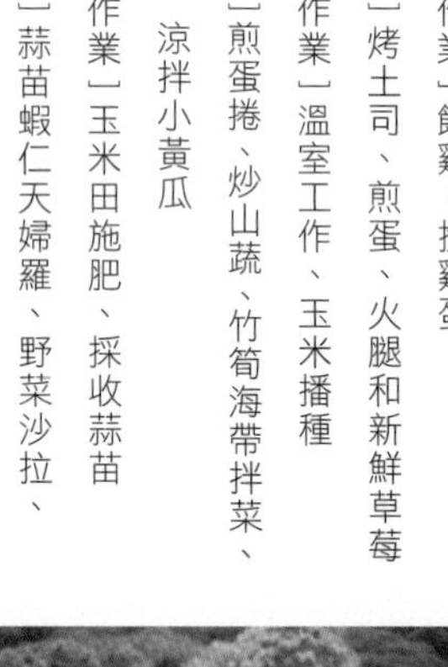

鹽味新鮮小黃瓜

day 3

［早餐］六點前完食

［早晨作業］採草莓、採春菊、包裝作業

［午前作業］AZONA和陽子太太前往小樽市集，其他人進行玉米苗移植

［午餐］信哉先生掌廚的サクラマス生魚片、前天剩下的義大利麵

［午後休日］dato與奕凱神威岬匆匆來回

［晚餐］AZONA的台灣料理

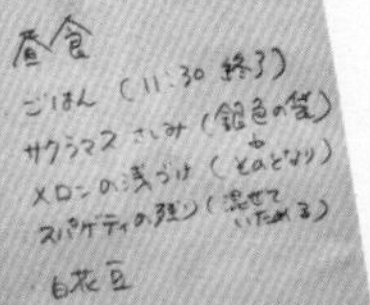

昼食
ごはん（11:30 終了）
サクラマス さしみ（銀色の袋）
メロンの浅づけ（となり）
スパゲティの残り（混ぜていためる）
白花豆

陽子太太指著北海道地圖告訴我們，這幾天喝的牛奶來自別海，就在信哉先生老家附近。陽子太太和信哉先生是在退休後，先從北海道東移居到道央的札幌，然後將近十年前才決定搬到積丹半島來學習養雞、種菜，開始自給自足的農場生活。

販售用雞蛋包裝作業

[1]依照雞蛋採收的順序一籃一籃作業

[2]把蛋一顆顆小心地用乾布擦乾淨，如果黏到頑強的髒汙，可以沾一點點水，但不能把蛋弄濕。

[3]將介於60公克上下的雞蛋，分裝成六顆和十顆裝。

[4]外盒標註雞蛋採收日期。

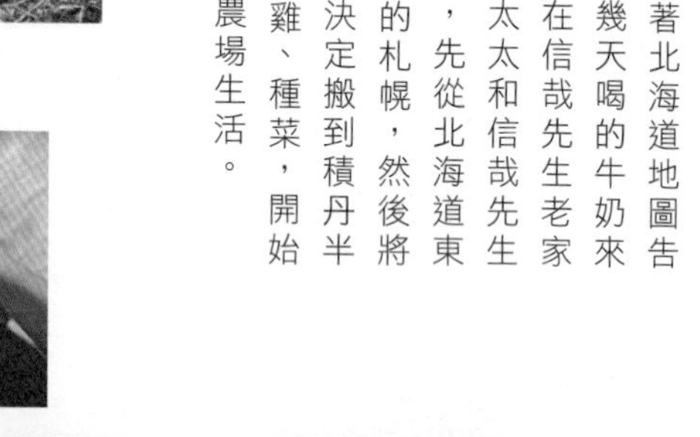

飼料

廚餘

雞糞發酵製肥

採食料理

玉米移植

青椒 ピーマン

AZONA晚安。

收到妳長長的信卻沒能回信，真是抱歉啊，之前不知道妳花了那麼長的時間寫……真是謝謝妳。

蔬菜的圖是奕凱畫的嗎？畫得真好耶，好漂亮！今天下雨了。因為明天是小樽野菜市集日，今天採收了各式野菜，排列、整理好一箱一箱野菜後，貼上標價完成準備。明天雨應該會停吧？你們信裡問到的那些野菜苗，也都長成又大又好吃的蔬菜了呢。

下次，我會找很漂亮的便籤和信封來寫信給AZONA的。

請保重身體喔！

陽子

苦瓜
ゴーヤ
番茄 とまと
茄子 なす

陽子流壽喜燒

洋蔥熬煮後變成香甜湯底

抵達農場第一晚，陽子太太用最傳統的家庭料理壽喜燒歡迎我們，而最後一晚則由AZONA做一桌台灣料理給陽子太太和信哉先生品嘗。無論是日式料理或是台灣料理，使用的都是農場自產或來自鎮上的超市的當地食材，新鮮帶來最棒的口感，一起料理時的情感交流則是無可取代的最佳佐料。

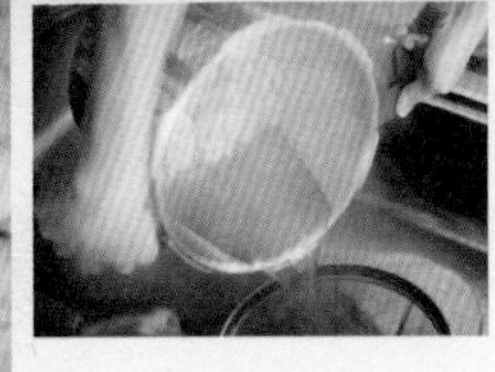

台灣料理

番茄炒農場的雞蛋

日本圓茄版魚香茄子

（雲林）麻油（積丹）雞

陽子：下午，警察打電話來了唷。（神神祕祕）

信哉：嗯？

陽子：問說我們這裡是不是有會說中文或是台灣話的人。

信哉：嗯？什麼事？

陽子：說有人撿到了一張紙，上面用中文寫了行程表，還有我們家的電話。

信哉：喔？他們的嗎？

陽子：因為，dato在打電話給我的時候我已經開車到了，行程表就掉在電話亭裡了啦。想叫他丟掉就好了。結果說不行，還得登錄dato的住址電話資料才行，只好明天搭車前去一趟派出所了……

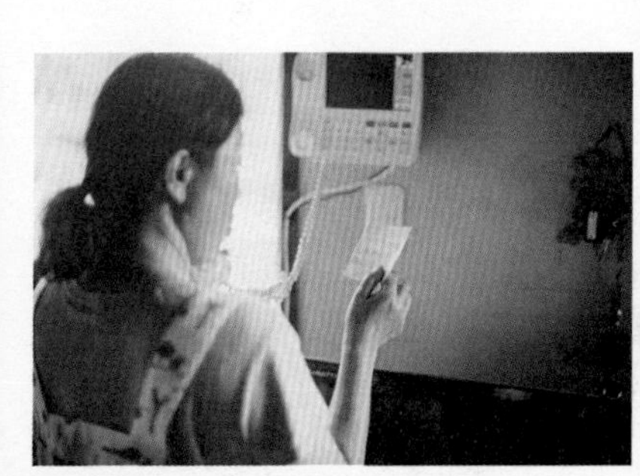

「好好保重，有機會一定要再來，不只是打工，來玩也可以喔！」

短暫的農場生活為我們補充了能量，在從未體驗過的他人日常裡才終於懂得另一種理想生活的模樣。離開積丹前，先遵從警察的指示到派出所登錄資料取回了那份記著我們完整行程的A4文件，我們翻過記著農場行程的第一頁，準備投入另一段擁有不同美好的生活風景之中。

011-221-5325

湯の川
函館駅前
720
5
函館
千秋庵
総本家
ワンマン
函館駅前

233

函館

はこだて

結束了數日在農場裡的充實生活，我們順著原路返回札幌，從札幌搭乘特急北斗星號一路往南，靠海的函館最適合用來短暫地觀光與放鬆。

TEL53-5432
KFC

函館夜裡的幸運邂逅

大門横丁

既然是為了觀光休日才安排的函館行，即便傍晚時分才抵達，入夜後也要馬上切換成觀光模式。不過，沒經歷過的人可能會有點難以想像，由於北海道地廣人稀，入夜後的函館其實相當冷清。但幸虧有「大門橫丁」，才讓我們有了歡樂的續攤。

距離函館車站走路不過五分鐘的大門橫丁，是函館夜裡難能可貴的鬧區，抵達函館的第一天，我們逛完書店和無印良品後天色就差不多暗了，吃過知名的滋養軒鹽味拉麵當晚餐，我們三個人閒得發慌居然連續逛了三家便利商店，待晚餐消化得差不多，我們迫不及待地邁開步伐往大門橫丁屋台區前進。

在這不太大的區域中共有二十六家居酒屋、燒烤店等小店，主打乾淨明亮的店家，同時還配備有完善的洗手間，每間小小店鋪各有特色，提供可口料理，不同於一般屋台料理，有些店家可是從中午就開始營業的。

這次是我第四次來到函館，前兩次都因爲一個人膽子小，又搞不清楚屋台消費方式而過門不入，第三次才終於壯著膽走進一家串炸店，完成了單人宵夜體驗，有了那次經驗，這回再與奕凱和AZONA來，自是不再害怕。

只是這裡店家選擇那麼多，該選擇推開哪間店的門呢？我們三人站在大門橫丁入口的各店簡介看板前觀望，橫丁裡流洩出來那酒酣耳熱的笑語，彷彿在催促著我們趕緊做出選擇。

躊躇了好一會兒，終於從看板上選定了一家燒烤店，但靠近一看，整間小店擠滿了人，完全不得其門而入，三人不知如何是好，亂了方寸後慌慌張張又在大門橫丁裡繞了兩圈，最後終於挑了一家名爲「箱館バル」的燒烤店，原因無他，就因爲它剛好有位子。

旅途中的居酒屋總令人有種忐忑的感覺，或許是居酒屋裡匯聚的常客氣氛太濃烈，導致我們這些外來客有種不得其門而入的尷尬，但好在大門橫丁裡的店家都相當歡迎旅客，畢竟函館是一個觀光導向的城市。

1

2

進店後，我們各點了HIGH BALL、沙瓦和啤酒，再隨意點一些炸物和串燒，在等待出餐時就隨意的聊著天，旅途中的心情越high，笑點就會越低，在平日生活裡可能難以取悅的心情，在旅途中忽然就變得容易滿足了起來。原本只有我們三人的小店陸續走進了其他客人，整間店氣氛也更加熱絡了起來，餐點陸續上桌，乾杯之後我們更加放鬆的大聊了起來。在我們聊得正愉快之際，坐在我們左手邊的男客人突然出聲向我們搭訕。

「你們是台灣來的嗎？」

突如其來的問候讓我們有些傻眼，因爲他講的是中文！原來與我們搭話的男客人是鼎鼎大名情報誌《北海道Walker》的總編輯矢野高宗先生，他曾因爲擔任《台北Walker》的編輯總監而在台灣住過八年，所以才會講中文。「Walker」系列是我們常在書店蒐集資料的重點刊物，這巧遇實在讓人不可置信。

在僅有的日文和中文能力下，我們聊起北海道旅遊、聊台灣的生活、聊函館的景點，甚至還聊了到日本發展的樂團五月天。這是

1 華燈初上，大門橫丁的夜才正要熱鬧起來。

2 好吃的燒烤是這夜晚不可或缺的要角。

3 不經意的巧遇，是函館旅行中最特別的邂逅。

3

離開積丹農場之後難得的日語對話時間，聊著聊著三個人的酒一下就見底了，最後只好小口小口地啜飲冰塊融成的水。注意到這個有點尷尬的小細節，一旁的編輯本間小姐笑說，總編輯你應該要請他們喝酒吧，矢野先生也十分大器，立馬問我們要再加點什麼酒，盛情難卻，我們又再各點了一杯酒，聊到快半夜十二點才彼此道別。

離開大門橫丁時，剛剛的酒酣耳熱還未散去，回味著方才奇妙的邂逅，能夠帶著好朋友們再次造訪函館，而且第一晚就在熱鬧的大門橫丁裡遇到製作北海道旅行雜誌的關鍵人物，交流台日兩地間的情報，這好像是被旅行之神眷顧時才會發生的好事吧，這再夢幻不過的相遇，爲這夜晚做了一個幸運的收尾。

大門橫丁

函館市松風町 7

各小店營業時間不一，請見官網

hakodate-yatai.com

[tips]
百分百道產漢堡

Lucky Pierrot 幸運小丑漢堡店

自一九八七年在函館開業的ラッキーピエロ（Lucky Pierrot）是僅有十七家分店，且全部開設在函館的連鎖漢堡店，完美地發揮了「當地限定」的本色。食材地產地消、現點現做等經營理念，讓這間漢堡店有了獨樹一格的品牌精神。

「等等！我眼都花了，現在是要點什麼才好？」

「試試人氣第一名的 CHINESE CHICKEN BURGER 如何？」

我們來到ラッキーピエロ五稜郭店準備飽餐一頓，卻被櫃檯周圍熱鬧的菜單與宣傳標語弄得眼花撩亂，因爲光是漢堡種類就多達十幾種，配餐除了薯條、熱狗，曾經是中華料理廚師的創辦人甚至提供了春捲的選項！

此外，店內還有咖哩飯、蛋包飯等各種不同料理可選，嘴饞時還能加點霜淇淋、奶昔等各式甜點，櫃台邊同步展示了自家出品的罐裝汽水、餅乾糖果等多種周邊商品，豐富得讓初來乍到的人根本無從下手。

ラッキーピエロ的裝潢設計每間分店各有主題，每間都大異其趣，五稜郭店以「天使的微笑」爲主

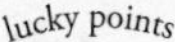

融合中式口味的雞肉漢堡，
是這裡的人氣 TOP1

面對讓人眼花撩亂的菜單，
要迅速點餐似乎有點難。

每間店皆不同的裝備細節，
入門可得看仔細。

題，外牆畫上拜占庭教會風壁畫，屋內則以復古歐洲吊燈配上天使雕像，簇擁著幸運小丑名物「霜淇淋」！

仔細一看，掛滿裝飾畫的牆面之中，還穿插了函館樂團 GLAY 推薦漢堡的剪報，和相當自 HIGH 的產品介紹海報，這種隨興混搭的奔放，都是創造出ラッキーピエロ特色氣氛的重要原素。

而說到無論哪間分店都共有的視覺元素，就是它那誇張繽紛的小丑與漢堡大招牌，讓人遠遠看見就燃起想去一探究竟的期待感。

最讓人雀躍的是，ラッキーピエロ不同於其他店家，營業直到深夜，成了函館宵夜的絕佳選項！

information

ラッキーピエロ（五稜郭公園前店）

函館市五稜郭町 30-14
☎ 0138-55-4424
1000 ~ 0030
定休日：無
www.luckypierrot.jp

滿溢音樂和咖啡的生活切片

SOUNTRA COFFEE AND MUSIC

複合式咖啡店 SOUNTRA COFFEE AND MUSIC 位於電車五稜郭公園前站附近，下車之後，還得步行走上十五分鐘左右，才能找到這間店，它雖位於大馬路邊，但因為沒有突出的招牌指引，所以一不小心就會錯過。

其實比起隨意閒逛，我們更偏好事先做很多功課以預先確認旅途中所有行程，這樣一來不只能讓自己能多少掌握當地狀況，也方便臨時做彈性調整。但同時我們也喜歡一到當地就跑進離旅館最近的書店裡，翻翻剛出版的情報誌，透過在地的眼光尋找最新的資訊。SOUNTRA COFFEE AND MUSIC 就是我在北海道當地情報誌《HO》的函館特輯中發現的得意收穫。

年輕的老闆鹿內譽之先生在札幌求學時期，常在特定咖啡店裡度過許多閒暇時光，因此回到故鄉函館後，也想開設同樣氣氛的店，喜歡音樂的他還在當地電台擁有一個音樂節目。拆解店名來看，顧名思義就是間結合音樂與咖啡的店鋪，透過店門口大片落地窗，一推開門即可看到滿滿的唱片與少量二手書的陳列。再往店內深處走去，才是咖啡店。咖啡店裡有木質地板，書櫃中有滿滿的書，

音量恰如其分的音樂在空間中不間斷地流動著。

我們三人挑了靠窗的四人桌，下午時分的陽光有些西曬，但老闆開了抽風扇，讓店內維持著舒服的溫度。我們各自點了冰咖啡和夏季限定的蘇打果汁，肚子有些餓了，於是再加點了特製的烤土司。然後AZONA自雜誌架上拿了《BRUTUS》和《CASA》來翻閱，奕凱在經過老闆允許後，拿著相機捕捉畫面，而對唱片行沒有抵抗力的我則迅速往店門口的CD專區移動。

仔細一看，架上的唱片並非最新最流行的專輯，而是老闆一張一張精挑細選的唱片，不管發行年代也不論歌手來歷，每一張都展現出老闆自己的音樂品味，而且有些專輯前面還張貼有老闆親筆寫下的專輯介紹，那充滿熱情與手感的文字，就像在跟朋友推薦音樂那樣誠懇。

1

2

不只是推薦文，桌上還擺了一台音響與耳機，每張正版CD後方都會另外再放一張燒錄片，若對該張專輯有興趣，就能拿燒錄片現場試聽。由於那些歌手我們幾乎都不認識，所以我和奕凱就憑直覺用封面設計來挑專輯，輪流試聽，並互相推薦對方自己剛發現的動聽歌曲。

說也奇怪，當你眞心喜歡上一間店，在那種身心愉快的心情催化下，不免覺得每一張專輯都好好聽，我就因此陷入到底該買哪張專輯才好的困境當中。

SOUNTRA COFFEE AND MUSIC用餐區的位子不多，除了我們坐的四人桌，另外就是吧檯區和沙發區，但無論你坐哪個位子，桌上都擺了不少書。我第一次前來時，遇見吧台區的客人很享受地和老闆聊著關於音樂的種種，這次來則有兩位似乎是洽公空檔前來小歇的上班族坐在一旁休息。要成爲一間讓人喜愛的咖啡店，重點莫過於要滿載著這種溫柔又輕鬆自在的空氣吧。

離開前，我挑了pupa的《floating pupa》專輯跟午茶一起拿去櫃台結帳，老闆一看便笑說這是張很

1 每張 CD 都提供試聽，敗家機會因此大增。
2 滿滿一頁的手寫推薦語，誠懇動人。
3 二手書是這家店另一個引人入勝之處。

3

不錯的專輯，並細心地用貼有店名的紙袋包裝起來。由於我兩次造訪的時間間隔不到一個月，又或許是我的外國口音太好認了，老闆找錢給我時忍不住對我發出疑問。

「你是不是前陣子也有來過？」

「是啊，因爲我很喜歡這間店，所以這次帶好朋友一起來。」

「你住函館嗎？」

「哈哈，我只是很喜歡函館，來旅行的。」

原以爲一個人默默旅行時是隱身在這座城市裡的，沒想到這樣的自己卻還是被老闆記住並認出來，頓時在有點害羞的情緒外，冒出了一種或許有機會變成熟客的雀躍。

從只是單純想重現求學時代喜歡的咖啡店這念頭開始，SOUNTRA COFFEE AND MUSIC已經開業超過六年，能將興趣落實成生活的一部分總是教人欽羨，我想老闆生活的切片中應該盡是音樂和咖啡吧？

啊，眞希望能夠盡快重返函館，並再次拜訪這間咖啡店——以一個熟客的姿態。

喝下夏季限定的蘇打果汁，彷彿真切地感受到了這個夏天的起點。

SOUNTRA COFFEE AND MUSIC

函館市五稜郭町 28-5
1200 ～ 0000
定休日：不定休
sountra.blogspot.com

[tips]

便利店的現做便當

長谷川便利商店燒烤便當

「名物？我怎麼沒吃過？」在規劃這趟函館行程時，我看著旅遊書上大大的標題和食物照片，滿腹疑惑地開始在腦海中仔細東翻西找了好一會兒，確定來過函館多次的我眞的沒吃過長谷川便利商店（ハセガワストア）裡聲名遠播的「燒烤便當」。

長谷川便利商店是北海道獨有的便利商店，這名聞遐邇的「燒烤便當」（やきとり弁当）創始於一九七〇年代，當時便利店老闆在半夜親自看店，突然遇到醉醺醺的客人上門詢問有沒有賣便當，面對這突如其來的問題他靈機一動，將店內用來製作飯糰的「白飯」和「海苔」再搭上「下酒菜（也就是肉）」，這三樣食材組合起來，就成爲第一代的燒烤便當，有了這契機後，燒烤便當在不斷改良下，終於成爲廣受歡迎的函館名物。

「哇！肉居然是現烤?!」進店後奕凱率先驚呼。一見店員正熟練地翻烤爐上的肉串，他隨即一臉興致盎然地湊到開放式廚房旁邊拍照，畢竟這是我們第一次看到在便利商店裡生火烤肉的景象。

order steps

1：在寬闊的手寫區拿點餐紙條，對照菜單上的圖片，選擇醬燒或鹽燒的調理方式。

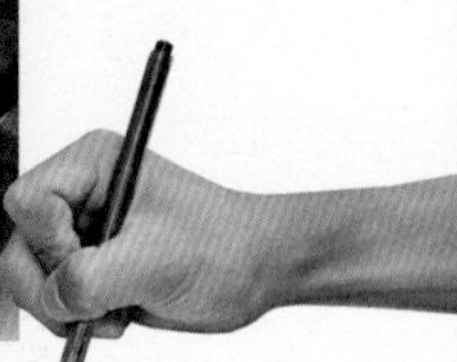

2：填好點餐單後拿到收銀台結帳。

3：結帳時會拿到一張號碼牌，屆時聽叫號取餐。

4：每個便當都是現點現做，誠意十足。

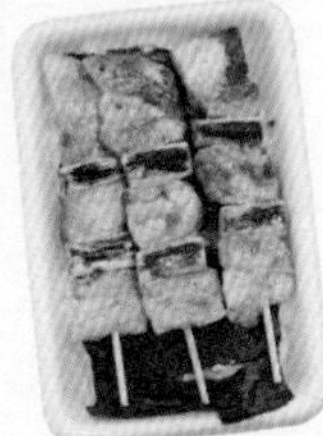

點餐後等了一會兒，收銀台大姊喊了我們的號碼，堅持現點現做的燒烤便當完成了，撲鼻而來的香氣讓人食指大動，熱騰騰的烤肉下方，鋪上了一層海苔，用筷子夾取時，剛好可以用海苔包飯來吃，這擺盤的巧思讓人吃來很順手。吃到一半，AZONA突然發出關鍵的疑問：「這吃起來是豬肉耶？但它的日文不是叫やきとり（意即烤雞）嗎？」

對啊，為什麼明明是烤豬肉菜單上卻叫烤雞呢？這問題好像不立刻解答就無法繼續吃下去，於是我們立刻上網搜尋，在官網上找到答案，原來在北海道南部一帶，豬肉的養殖量比雞肉更多，價格上也低廉不少，因此當地的泛指的「烤雞」其實指的都是「烤豬肉」，謎底解開了！

information

長谷川便利商店
（ハセガワストア）ベイエリア店

函館市末広町 23-5
☎ 0138-24-0024
0700 ～ 2200
www.hasesuto.co.jp

函館山登山口
Entrance of Mt.Hakodate
770m
元町カトリック教会
Roman Catholic Church
600m

café
D'ici

難忘夜色忽然降臨的瞬間

函館山百萬夜景

函館雖為北海道大城市，但夜晚與熱鬧的札幌相較之下冷清許多，因此在函館旅行時常遇到的問題是，太陽下山之後能做的事情有哪些呢？以觀光角度考量，除了到大門橫丁吃宵夜外，到函館山上看世界三大夜景之一的百萬夜景就是非做不可的事了。

從白天開始我們就不斷注意天色變化，也不停注意函館山上方有無雲層遮蔽，畢竟要看到完美的百萬夜景，天時地利缺一不可。幸運的是這天天氣十分完美，下午的行程約莫在四點結束，我們隨即跳上市內電車往函館山纜車站前進。

還記得我第一次上函館山時適逢雨天，纜車售票口的小姐還舉了個中文書寫的告示牌，告知山上現在被雲層籠罩沒景色可看，以免旅人花了錢買票上山卻撲空。這回天氣大好，在買票時我熟門熟路地拿出之前在金森紅倉庫裡獲得的九折券，不只享受省下百元日幣的精算，還賺到一種識途老馬的得意。

搭乘纜車上山只需兩三分鐘的時間，隨著纜車一路攀升，滿車觀光客一看到眼前風景豁然開展的畫面，雀躍氣氛開始互相感染，心情曲線就像纜車一樣慢慢升高，奕凱按快門的手也停不下來。

雖說百萬夜景顧名思義是要看晚上的景色，但其實我們都喜歡夜色來臨前的夕照美景，提前上山就是為了那片被夕陽染成金黃色的無敵風景。

我們站在展望台上，看著登高才能一窺全貌的狹長函館地景與廣闊海洋，那連接成一片閃耀的畫面，讓人不禁讚嘆。另一邊則是函館港與正要落下的夕陽，海上緩緩移動的大型輪船也成了視線中美妙的收藏。

由於距離夜晚尚有一段時間，我和奕凱與AZONA三人暫時分開行動，各自拍照和在土產店裡閒逛。隨著夜色降臨，纜車載送來一批又一批觀光客，旅行巴士也一車一車地上山。就在人群聚集，山頂逐漸變得萬頭攢動、百萬夜景即將揭幕之際，一個意料之外的悲傷消息，突然降臨。

奕凱接到台南家人的簡訊，他摯愛的貓咪MEUCA因爲急病送醫，情況非常不樂觀。這突如其來的噩耗，讓我們瞬間都不知該做何反應，旅行才剛進行到一半，就算眼前是晴空萬里的風景，我們心裡卻飄來大朵大朵的烏雲。

方才還強而有力地從海平面斜射而來的陽光漸漸消失，夜晚開始了。我們都不敢將內心的不安說出口，只能持續沉默著。直到奕凱勉強打起精神，拿起相機順著人潮移動，我和AZONA靜靜地跟在他身後往展望台走去。

在一點一點暗下來的靛藍色天空中，傳說中的百萬夜景霎然在眼前展開，特殊的地貌再加上如燭光般搖曳的萬家燈火，在場所有人無不被這美景所震懾。我們懾服於眼前景色的壯麗，但MEUCA的身體狀況不明朗，我們的心情也大受影響。

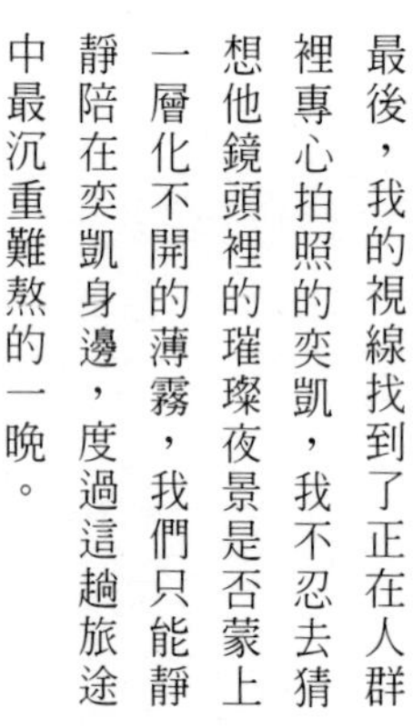

原本一起卡好位置的三個人，爲了拍照，在擁擠的觀景台上被人潮沖散了，心裡的不安與悲傷，把我們和身旁遊客的嬉鬧歡笑聲隔了開來，彷彿黑洞般把在百萬夜景前該有的興奮給吞沒。

最後，我的視線找到了正在人群裡專心拍照的奕凱，我不忍去猜想他鏡頭裡的璀璨夜景是否蒙上一層化不開的薄霧，我們只能靜靜陪在奕凱身邊，度過這趟旅途中最沉重難熬的一晚。

函館山纜車站

函館市元町 19-7
☎ 0138-23-3105
營業時間各季節不同，請洽官網
www.334.co.jp/jpn

用一枚銅板吃海鮮丼早餐

朝市食堂二番館

熬過了前一晚的不安，隔天早晨我們決定照原定計劃前往函館車站旁的海鮮朝市。雖然觀光導向的函館朝市裡，某些路段時常擠滿團體觀光客，少了在地住民採買的日常色彩，但看到攤位上不勝枚舉的生猛海鮮，與奮力叫賣的老闆們元氣滿滿的樣子，我們的心情也不禁振奮了起來。

我們三個人本來就愛吃海鮮，更何況此時身處被產地直送的生猛海鮮包圍的朝市裡，只是朝市繞一圈，櫛比鱗次的食堂即便將華麗的海鮮丼照片秀在門口招攬，但對照豐盛食材旁標上的驚人價格，讓我們有點退縮，旅人內心的天人交戰就在此刻上演。

其實除了要嘛花大錢嘗試，要嘛什麼都不吃地落寞離開這兩種選項，還有一個折衷方式，只要穿過人潮與攤販找到位於朝市二樓的「朝市食堂二番館」，就有日幣五百元的划算海鮮丼可享用。

想想在台灣我們應該不太可能一大早就吃生冷的海鮮吧，但人在北海道就入境隨俗嘗試看看吧。翻開菜單，「500円丼」這分類裡其實選擇還不少，不只有超人氣的海鮮五目丼，甚至連函館著名的烏賊丼、鮭魚親子丼與螃蟹丼等都羅列其中。

因爲心中掛念著MEUCA的事情，這天早上我們的交談較不似以往般熱絡。

各自選好想吃的丼飯，在等著佳餚上桌前，我們有一搭沒一搭地討論起之前吃過的美味海鮮丼，三人一致想起我們一起去京都時，硬是在晚餐後又跑去三条商店街吃若狹家海鮮丼當宵夜的事情，過去的美好記憶與當下情景互相重疊，我們也慢慢恢復了旅行的步調和心情。

很快地我們點的海鮮丼上桌了，華麗的招牌五目丼以好吃的醋飯擺滿鮪魚、蝦、蝦卵、鮭魚子、干貝、蟹肉、鮭魚鬆以及玉子燒，上菜同時還附上一碗味噌湯和醬菜，雖然份量只有一般丼的三分之二大小，但新鮮就是一切的關鍵，佐上醬油和芥末後大口品嘗，精打細算後小小滿足的口腹之慾，其實也很不賴。

朝市食堂賣點就是日幣五百元的海鮮丼。

雖然份量稍小，但足以果腹，而且新鮮就是海鮮美味的關鍵。

善漁丸
横山
活いか釣堀場
函館一の
当店は活ゆで
発送しております

1 函館朝市是觀光名勝，人潮絡繹不絕。

2 朝市對觀光客友善，連北海道哈密瓜都切片販售。

3 北海道大尾的生猛海鮮讓我們大開眼界，還提供宅配服務。

1

3

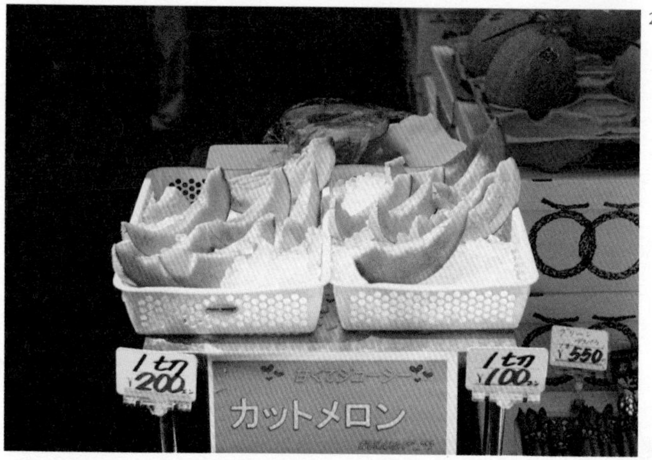

2

朝市食堂二番館

函館市若松町 9-19 函館朝市內駅二市場 2F
☎ 0138-22-5330
06:30 ～ 14:30（隨季節變動）
定休日：7-9 和 12 月無休，3 月休第二個週三，其餘休每月第三個週三
www.asaichi.ne.jp/ekini

令人想再次重返的美好相遇

金森赤レンガ倉庫

我們在朝市吃完划算的海鮮丼後，便沿著港邊的路一直走向金森赤レンガ倉庫（金森紅倉庫），初夏的函館氣溫合宜，即便是晴空萬里的好天氣也不會熱出一身汗，吹著海風走過度假飯店、走過觀光飲食聚落，接著就是我最愛的那座陸橋那個角落。

「站在這裡可以看到倉庫，也可以看到函館山，這是我最愛的函館畫面。」我這樣跟奕凱和AZONA介紹。

「你講第三次了！」見我如此興奮，奕凱忍不住笑著吐槽。

對於喜歡的人事物，難免想反覆宣傳，來表達自己的愛。旅行中也是如此，在每個一期一會行程裡，摻雜著自己過往的回憶，而以那份經驗爲基礎建構出的美好，也會在一次又一次的淬鍊下，變得更加歷久彌新難以忘懷。

這天函館山頂晴朗無雲，右手邊是海港，左手邊的磚紅色紅倉庫上大大的「森」字，還有街道上修學旅行的學生們，這印象中的函館畫面似乎不曾改變。

金森紅倉庫裡觀光味濃厚的土產店非我所愛，但從倉庫外的陸橋上看出去那獨一無二的視覺感受，卻令我念念不忘。只要再次站上那個定點，我便有了身處函館的踏實，也再次確認自己對函館的熱愛。

旅途中時常是我和AZONA走在前面，奕凱則以自己的步調跟在後面，偶爾還會爲了拍攝美麗的畫面而停下腳步好一會兒。

這天在晴朗的港邊陸橋上，坐著一位正在水彩寫生的先生，也喜歡畫水彩的奕凱忍不住停下腳步來捕捉那個畫面。旁邊一位老爺爺先是以爲自己闖入了奕凱的鏡頭，連忙閃避下橋，等到奕凱跟著走下橋拍攝其他畫面時，這位老爺爺忽然帶著另一位老奶奶上前搭訕。

我和AZONA一回頭，見語言不通的奕凱被這突如其來的互動搞得好像有些慌張，趕緊過去看看發生了什麼事。一問之下，才知道原來是奕凱的底片相機引起了老爺爺的興趣，這對正在旅行的老夫妻是現居琦玉縣的函館人，這次是久違的返鄉小旅行，老爺爺還指著旁邊的海水說，他小時候都在這港邊游泳呢！

老夫妻們對於台灣來的我們非常感興趣，奕凱的老相機似乎也勾起他們許多回憶，於是奕凱提議爲他們倆拍張照片，老爺爺也玩性大發，借了我的相機幫我們跟老奶奶拍了合照。

離去前，AZONA請他們留下電子信箱，好寄照片的檔案給他們，老先生興致高昂，但好像有點想不起自己的電子郵件信箱，又抬頭又低頭默念地重寫了幾次，好不容易才把信箱完整背出來。我們接過那張從老奶奶的手帳上撕下來的紙頁，翻到背面一看，上是手寫的行程表——東京、青森、函館然後札幌，想像著他們一起搭著JR，一路往北，最後回到自己家鄉的這段旅程，心中不由得泛起一陣溫馨。

1 偌大的「森」字讓紅倉庫有了聚焦之處。 2 紅倉庫位於港邊，也能看見港口風光。

光想像老夫妻一起踏過幾座城市旅行，就覺得浪漫不已。

PIERRO
ベイエリア本店
ありがとう!!ご当地バーガー
No1に輝きました
ラッキーピエロ
SINCE 1987
地産
地食
毎月1日・2日・3日
地産地食の日
Welcome
ようこそラッキーピエロへ
HAKODATE

帶著滿心暖意，我們向這對老夫婦揮手道別，準備前往下一個目的地。走著走著，身邊忽然出現一大群中學生，而且一看到奕凱手中的相機，學生就像被按下活潑好動的開關一般，先在對街擺完POSE還不夠，甚至還前仆後繼擠到相機前搶鏡，手比YA的、躺在地上的、原地跳躍的，修學旅行途中的他們，毫不吝嗇地大方展現屬於這個年紀該有的活力，我們頓時被這莫名熱情的互動搞得哈哈大笑，奕凱也就順著他們的意，大拍特拍了起來。

我們總能在每一趟旅行中找到自己最喜歡的風景，那片風景會收藏在照片裡也會刻劃在心裡。而在我們的金森紅倉庫風景裡，除了老夫妻鶼鰈情深的浪漫外，就此又多了一群搞笑學生們那令我們忍俊不住的燦爛演出。

P
有料
Coca-Cola

金森赤レンガ倉庫

函館市豊川町 11 番 5 号
☎ 0138-27-5530
0930 ～ 1900
定休日：無
www.hakodate-kanemori.com

舊時建築與現代日常的優雅共舞

TACHIKAWA CAFÉ

函館觀光區如香氣濃郁的甜美糖果，吸引旅人圍繞一旁，追求必看風景、購買印上當地限定字樣的紀念品，行進路線一致，關注的目光也多半相同。而當我們離開觀光區，街道上彷彿就只剩空盪與冷清的氣氛。不過，一向愛往城市角落鑽的我們，在著名的元町區過足了觀光癮之後，就決定沿著市內電車路線，一路散步到大町站，這裡乍看什麼也沒有，若是初來乍到的人，應該想不到在住宅區裡有間被列入國家指定文化財的 TACHIKAWA CAFÉ。

第一次走進 TACHIKAWA CAFÉ，立即能感受店內低調奢華的氣息，店員一律著黑色上衣，襯托出高雅的氣息，在裝潢方面，風格內斂的櫃台區、深色的木頭桌椅，或角落有著西洋棋盤的沙發區加上小聲播放的爵士樂，與半開放的門面和外頭的露天座位呵成一氣，那些在無形文化中被提煉出的品味像被濃縮在此一樣，每個細節都透露著這絕非一般老屋改建那麼簡單。

店內的料理以洋風爲主，當日特餐可從櫃檯旁的黑板上選擇，點餐時店員甚至還會把整個黑板拿來讓我們看，只是日文裡外來語太多，即便念得出五十音，但往往讓人一頭霧水，「這是什麼？」「不知道耶。」「那這個呢？」「我也不知道。」三人像霧裡看花最後只好一邊用手機上網查詢，一面確定那串如咒語般的字串到底是什麼料理。

TACHIKAWA CAFÉ 烤到餅皮酥脆的薄片 PIZZA 深得我心，而爽口的生菜沙拉恰好可以均衡旅途中總是缺少蔬果的窘況。飢腸轆轆的我們趕緊用美食塡飽肚子。同時我一邊分心打電話處理機票改期的事務，AZONA 則忙著寫信給原本約定取材的店家更改時間，還有處理一些退票事宜。

就在幾個小時前，我們接到奕凱家人來電，得知貓咪 MEUCA 的病情並不樂觀，已經爲此焦慮了一晚的我們，馬上決定不要在這樣的情緒下勉強繼續旅程，開始想辦法讓奕凱能用最快的速度趕回台灣。畢竟心有掛念就像是在霧中旅行，再美的風景也會因此看不清。

老闆娘在我們身邊端出剛出爐的可頌麵包和肉桂捲，香氣可口誘人。

也許是爲了讓內心慌亂激動的情緒鎮定下來，身旁的奕凱更加投入在攝影中。雖然他不會說日文，但專注捕捉畫面的神情就是最好的溝通橋樑，當老闆娘捧著出爐點心熱騰騰的鐵盤走出來時，還特別夾了一盤讓奕凱拍個仔細。

等我處理完機位的聯繫，三人正討論著接下來行程該怎麼辦時，老闆娘優雅地走了過來收盤子，親切地以「你們是從哪裡來的呢？」爲話題和我們閒聊了起來。聽說我們來自遙遠的台灣，居然找得到這個不在觀光區裡的咖啡店，她似乎很高興，不禁開始向我們介紹太刀川家以及函館的歷史。函館是在超過一五〇年前成爲日本最早對外開放的貿易港口，在與西方文化的交流下，留下不少和洋折衷的建築，特別是港口這一區。而這棟原爲商人太刀川家族的米倉與店鋪的TACHIKAWA CAFÉ，是在一九七一年時成爲指定爲文化財，並被改造成咖啡店與餐廳，成爲這尋常住宅區中的一大驚喜，前陣子才剛有電視節目來店裡取材呢，聽著她語帶自信地細數這些故事，眼前也彷彿浮現那個輝煌年代的絕美風華……

也許是初步行程變更處理完畢，心情多少踏實了一些，我們與和善的老闆娘話別，決定把握在函館的最後一天，盡可能不留下遺憾地好好感受這座城市。

2

1

4

3

1、2 小小的招牌精緻典雅，店內保留了和洋建築的大氣與沉穩。 3、4 現烤的 PIZZA 酥脆好吃，沙拉爽脆鮮嫩。而店內也提供精緻甜點。

TACHIKAWA CAFÉ

函館市弁天町 15-15
☎ 0138-22-0340
1000 ～ 1800
定休日：星期一
www.tachikawacafe.com

[tips]
旅行路上的中場休息

大正湯

開設於大正三年（西元一九一四年）的大正湯是棟粉紅色的木造建築，在百年歷史淬鍊下，不見衰敗頹老面目，俏皮的顏色反倒有種老來回春的可愛。

雖然大正湯歷史悠久，但和其他大眾澡堂一樣，收費只要日幣四百二十元，門口圖案逗趣的暖簾標示著男女入口，和AZONA約好集合時間，交錢給坐鎮在男女湯中間櫃台老闆娘後，即可進場。洋派外觀的大正湯內部依舊是濃厚的懷舊日本風情，換衣場中冷飲冰箱、大型體重計與按摩椅等一樣也沒少，鞋櫃甚至還是用木片拴住的老古董，眞教人驚喜。

不同於咖啡店午茶的心靈休憩，泡澡是最直接的身體放鬆。洗淨身體後在換衣場喝著冰牛奶納涼，櫃台裡傳來電視機裡的歡笑聲，橘色夕陽光透過窗戶的毛玻璃柔柔撒進屋內，空氣中飄著淡淡的沐浴乳香，一場以生活爲概念的旅行想追尋的無非就是這種畫面。若不在乎衣服要穿穿脫脫很麻煩，用泡澡來洗去旅途中的汗水與疲倦其實很好，而且只要花上短短時間，便能用一種煥然一新的心情來繼續下半段行程。

約定的時間一到，我們三人在大正湯外重新會合，不管下一個要去的地方是哪，我們都能腳步輕盈地出發。

shower steps

1：我和奕凱學一旁的歐吉桑一人拿一個竹簍放置脱下的衣服。

2：沒帶毛巾怎麼辦？
沒關係，澡堂有毛巾出借。

3：滿櫃的飲料等等再享用，先在浴池內舒展筋骨再説。

4：泡完澡再將身體沖乾淨。

5：買瓶冰牛奶舒緩體內的熱氣。

6：拿把扇子為自己製造幾陣涼爽的風。

こんにちは

information

大正湯

函館市弥生町 14-9
☎ 0138-22-8231
1500～2100（星期日營業至 2000）
定休日：星期一、星期五

在坡道上拾起午後的一小片平靜

select coffee shop peacepiece

旅途中總有想脫離既定路線的時候，即使不在計劃中，但只要遇到想吃的、想買的、想看的，我們隨時能走向一條不在預定中的路線，select coffee shop peacepiece 的咖啡時光就是這樣來的。

天氣極度晴朗的這天，我們離開金森紅倉庫之後其實還先去了函館著名的元町區，這裡有著綿延起伏的坂道，又有舊時代的特色建築，說是函館旅行精華區也不爲過。我們三人在最著名的八幡坂慢慢拾級而上，想爬到制高點後拍攝每一本函館旅行書都會有的八幡坂名景，也就是由上往下拍，坂道盡頭有海有船的畫面。

坂道看起來是個緩坡，其實爬起來相當辛苦，我們三人速度不一樣，但反正目標就是最高處，分別揮著汗慢慢往上爬就是了，結果走著走著，在最前面的我回頭一望，發現奕凱和AZONA似乎被某事吸引而停下腳步。

原來他們看到一個騎單車的路人非常有型，於是追蹤他騎車的路線，看他停在一家名爲select coffee shop peacepiece的店家門口，這間小店的門前有一塊空地，爲這棟停了單車的白色小屋製造了一個恰到好處的景深，這畫面實在太吸引人，於是他們隨即提議晚一點來那家店喝咖啡。

在既定路線裡走一小段未知的岔路，也是旅行中的浪漫。

於是在逛了整個元町一圈，還去大正湯好好泡了個澡之後，趕在夕陽西下前，我們又回到這間店門口。抵達時，發現一名中年婦人在店門口露出疑惑的神情，看來是她想進門，但又有些不得其門而入，於是一直盯著營業時間的告示牌看，疑惑著明明是營業時間，但爲何店門是鎖上的呢？

幸好此時老闆從我們身後現身，見我們一行人迫不及待想消費，趕緊開門歡迎我們入內。

1

2

select coffee shop peacepiece 門面小小，入內後映入眼簾的是店中央的醒目吧檯，早上騎單車被奕凱和AZONA直擊的有型老闆，俐落地走進吧檯裡頭，優雅地準備沖泡咖啡。懸掛在牆上的好幾部單車，說明著老闆是個重度單車愛好者。

我們選了張靠窗的桌子坐下開始研究菜單，發現光是咖啡品項就有好多選擇，我們並非咖啡專家，幸好菜單上從咖啡豆產的到偏酸偏苦一一標明，幫助我們找到自己想喝的咖啡。

老闆專心濾泡咖啡時，我隨興瀏覽著店內書架，藏書或雜誌能反映出老闆喜好，因此放眼望去有大量單車、登山主題的戶外運動雜誌自然是不在話下，除此之外，藏書更是讓我們得以確認和店家是否合拍的重要依據，架上的《BRUTUS》、《Pen》、《Casa》等本來就是我們尋求美好生活時的參考文本，AZONA無意間在書架下層翻出兼具流行與文學的《papyrus》則是讓初次翻閱的我直呼過癮。

邊閱讀著雜誌，老闆現場濾泡的

1 老闆在店中央的吧檯後仔細地濾泡著咖啡。
2 店內書架是我們最好的選書和雜誌指南。
3 美味的咖啡和烤土司恰好平復午間微小的飢餓。

3

咖啡也上桌了，搭配加點的鹹口味烤土司，剛好稍稍平復在午茶與晚餐間的微小飢餓感，半個午後就在這隨興決定的咖啡店裡度過了，在這幾天有點曲折、有點緊湊的行程裡，此刻的滿足感或許就像是店名 peacepiece 一樣，恰好是一小段安穩，一小片平靜。

旅途中，只要一些小小契機就能引領我們入店消費，就類似轉扭蛋的概念，轉到喜歡的就是幸運，轉到不喜歡的只能說是運氣，至於 select coffee shop peacepiece 是哪一種呢？我想，一定是前者。

select coffee shop peacepiece

函館市末広町 18-12
☎ 0138-22-5500
1000 ～ 1700
定休日：星期五
peacepiece.wix.com/oshio

城市角落裡悄悄舉行的盛宴

harujon-himejon

短短幾天的函館生活，讓人慢慢習慣了北海道的生活步調，卻也為這北國城市在觀光元素之外的淺淺寂寥感到些許惋惜。離開函館前的最後一頓晚餐，我們按圖索驥，在幾近無人的小路上找到了harujon-himejon。

白天的函館街道上人口密度就不高，晚上更是人煙稀少，讓人不禁疑惑想著人都到哪去了呢？結果一推開餐廳或食堂的大門，見到裡頭人聲鼎沸的情景，才恍然大悟……啊，人都在這裡。

harujon-himejon是函館近郊一家有名咖啡店Café LEAVES的姊妹店，由日本古老的倉庫（土藏）建築所改建，至今已有百年歷史。

它藏身在市內電車魚市場通站附近的小路上，因爲不在大馬路上，四周也沒有其他商店，沿路走來不免疑惑這裡是否真的有店家營業，harujon-himejon的招牌和門面也很低調，直到看到傳統白色倉庫出現在眼前，仍不太確定是否就是我們要前往的目標。

或許原本是倉庫的緣故，harujon-himejon的門面很小，但進店後卻豁然開朗。挑高的空間裡全部使用木頭家具，除了有單獨陳列的藏書區，書架也被當作隔間櫃使用，因此用餐時會被小說、繪本與雜誌圍繞。除此之外，架上和牆上還裝飾著一些很有年代的玩具配件，這些恰如其分地擺設，讓我們一進入harujon-himejon，就深深喜愛上這間店。

函館的最後一晚，就在這裡好好享用晚餐吧，奕凱點了牛排奶油咖哩，AZONA選擇了梅子醬豬肉蔥飯，我則被帆立貝蔥飯給吸引。明天離開函館後，我們這趟旅程也要提早結束，有些難過的心情像甩不開的口香糖緊緊黏在我們心上，但我們很有默契地專注在感受和討論這間店的種種，試著轉移注意力，沖淡那我們都明白但卻說不出口的憂傷。

2

1

4

3

1 櫃子裡擺著 Café LEAVES 的餅乾。 2 檸檬起司蛋糕飄散著清香。3 梅子醬豬肉蔥飯的爽口酸甜適合夏天。 4 牛排奶油咖哩醬汁微辣很開胃。

等待上菜時，我們繼續研究那本厚厚的手寫菜單，才發現 harujon-himejon 的姊妹店 Café LEAVE 開設在函館近郊的北斗市，老闆以「不模仿他人的獨立風格」、「營造讓人確實感到放鬆的場所」以及「跨界的美味料理」這幾個理念來經營這兩間店，而且還另外經營裁縫店與假日市集。

harujon-himejon 的店裡也常舉辦活動，像是在夏季與冬季各選一天進行特別的夜市，將咖啡店與花店等討喜元素匯聚一起，也在星期六舉辦音樂會或手工書市集等活動，讓人忍不住佩服起他們的企劃能力。

了解更多之後也才發現，函館其實不是個冷清的城市，而是它的熱情都隱藏在城市的角落，你得實際生活在這裡，才能找到對的方向去感受箇中奧妙。

我們三個人的餐點都有著恰如其分的擺盤和充滿風格的口味，harujon-himejon 用最直接的美味來說明這裡位置隱密卻座無虛席的原因，不少人特別開車前來消費，離去前也不忘帶一些由 Café LEAVES 生產的餅乾和甜點。

既然甜點也是這裡的招牌，在奕凱提議下，我們加點了檸檬起司蛋糕來嘗試，在入口即化的綿密滋味中，一口一口吃掉了心情的苦澀，也為這趟短短的函館旅行留下一些酸甜的餘味。

harujon-himejon

函館市大手町 3-8
☎ 0138-24-6361
1130 ~ 2300（星期二至星期六）
1130 ~ 2100（星期日）
定休日：星期一（若星期一是假日，則星期二休）
leaves-hakodate.com

たばこ
フコク生命

これより
左側
これより
右側
新千歳空港行発車時刻
11:51 釧路 5
11:58 千歳 7
12:13 函館 4
12:16 千歳 6
114 11:40 6 12:16
116 11:55 6 12:31
120 12:10 5 12:46
11:36
11:40 岩見沢 8
11:46 江別 9
12:00 旭川 5
12:03 岩見沢 10
11:44
11:46
11:50
12:00
5~10
1~4

到 着
到达
到達
도착
Прибытие
Arrivals
国際線乗り継ぎ
International
Connecting Flights
ROYCE'

在這裡重拾追求理想生活的勇氣

たべるとくらしの研究所

這天從中午過後就烏雲密布，似乎只要再多用一點力氣，天空就會被擰出雨水來。我們的目的地在出了地鐵站之後，還得走上半小時的住宅區裡，那裡有棟被綠色植物包圍的老屋—たべるとくらしの研究所（飲食與生活研究所），若非一開始就知道這是間咖啡店，不小心可能會以為動畫《龍貓》的那對姊妹就住在裡面。

一年後再訪才終於完成的取材

打開嘎嘎做響的木門，時間彷彿就這樣慢了下來。和老闆娘安齋女士打了招呼，在面窗的角落坐下，昏黃的光線從店中央的廚房區傾瀉而出，照在被磨得光亮的木製桌椅家具上，彷彿時光凝結般，一切景象都跟一年以前一樣。

「好久不見，距離上次見面已經過了一年了嗎？時間過得好快喔。」安齋女士對於我們的來訪十分開心。「這是我們之前出版的書，然後這位是上次因故未能前來的攝影師奕凱。」除了拿出上次來訪時忘了帶的作品，也趕緊向老闆娘介紹奕凱。

一年前因故臨時中斷了旅行，在送奕凱先行返台後，只有我和AZONA兩人來到了食物與生活研究所。那次雖然是在極度慌亂的心情下來訪，卻從和安齋夫婦的對話中，得到了許多對生活與生命的思考與啓發。於是一年後再度帶了奕凱一起重返。

這是我們這趟旅程的最後一個取材店家，在我們進店後不久，外頭就如氣象報告預測般下起了滂沱大雨，以往旅遊心情容易受天氣影響的我，當下只感到無比安心，因爲失落的一角被接上的此刻，極致美好。

想在乾淨水土的所在重新開始

食物與生活研究所由安齋夫婦一手打造，來自福島的他們，在三一一震災後遭受輻射威脅，原本在老家有機果樹園旁的咖啡店也面臨經營問題，經歷了一段長久的遷移過程後，決定落腳北海道央的札幌，並在這裡持續透過有機栽種、健康烹調等方式，思考各種善待環境的方式，以重建他們心目中生活應有的樣貌。

とんちピクルス

店內的餐點都在這搶眼的廚房中一一烹調而成。

雖然選擇移住，但安斎夫婦仍掛心福島老家的發展，在家鄉的果樹園經過換土、部分樹皮切除等工程有效讓水果輻射值降低至安全量後，安斎夫婦開始研發以家鄉蘋果和桃子製作的瓶裝果醬，店內的點心也不乏使用產地直送新鮮水果製作的選項。

我們點了本月定食，看著安斎女士在廚房中料理的實況，滿心期待餐點上桌。坐在窗邊聽著雨聲，看著屋外大顆雨滴落在植物上又彈起的模樣，若說這趟旅途中有什麼時刻讓我特別想念，我想此刻充實的心情絕對很難被抹滅。

因爲雨勢過大，我們也不急著離開，吃飽後悠閒地在雜貨區挑選伴手禮，上回在此買了安斎果樹園出品的果醬，這回簡直像什麼都不想錯過般，連自製味噌和辣醬都想帶台灣品嚐，光是蹲在架子前就耗上不少時間左右思量。

帶著滿滿生活能量重新出發

在食物與生活研究所裡，我們看見安斎夫婦對於生活的追尋與堅持，也深刻體會北海道這片純淨清澈的廣大土地，是如何吸引來自各地的人們選擇在此重新建立生活，從他們的故事與正在實現的夢想裡，我們也開始思考屬於自己理想生活的樣貌。

「我們回來了！」離開前剛好遇到安斎先生接一雙兒女放學回家，我們滿足地抱著一大袋果醬向親切的安斎夫婦道別，門外磅礡依舊的大雨讓我們一走出店外便視線茫茫，但從食物與生活研究所裡得到的能量，讓我們心情如懷抱了一顆溫暖的太陽，明亮而晴朗。

每道食物都擁有恰到好處的好看擺盤。

本月定食內容豐富，天然有機是最大重點。

1 雜貨區有很多造型樸實的生活用品可供挑選。

2 店內獨有的各種果醬是我們的心頭好。

3 限量產出的手工麵包放在櫃台邊相當搶眼。

1

3

2

たべるとくらしの研究所

札幌市中央区南 9 条西 11 丁目 3-12
☎ 011-522-8235
1100 ～ 1700
定休日：星期日至星期二
www.taberutokurashi.com

Special Thanks To

特別感謝

這本書紀錄了我們一度中斷又重新出發，總計 32 天的北海道生活。最後我們想要特別感謝，在兩次旅程之間的無數個日子裡，那些推動著我們再次踏上旅程的相遇。

首先要感謝讀完本書的你，因為有你，我們才有動力將休日好好繼續。

謝謝自轉星球黃俊隆社長及全體社員，若沒有你們的信任，這本書無法如此順利問世。謝謝最親愛的家人與朋友，總是無私地在生活及旅途中一路給予我們最有力的支持。特別感謝才華洋溢的鄭恩維、謝志誠、汪新樺的技術支援。

當然，在遙遠的異國城市中，更因為有了當地朋友的照顧及幫忙，才讓這趟旅程更加豐富圓滿。謝謝信哉さん、陽子さん、三熊敏弥さん、松枝俊宏さん、千葉武史さん、水野俊平さん、露木陽平さん、露木桃子さん、平岡伸志さん、北波智史さん、堀部篤史さん、叮叮噹，以及這本書中收錄的所有親切店家與店主，為我們帶來最美好的日常風景，ありがとうございます。

同時也要謝謝何彩鈴小姐、林民宜先生、白尊宇先生、小林慶香小姐、飛達旅遊、風雲唱片、空気公団，你們用最強而有力的資源，協助我們飛得更高更遠。

最後，謝謝MEUCA。我們很想妳。

男子休日委員會

[dato]

旅行規劃、文字撰寫

現為出版社企劃編輯、音樂專欄作家

[黃奕凱]

攝影、繪圖、視覺設計

現為網頁設計師

[AZONA]

出版創意、企劃統籌

現為網路內容平台總編輯

生活練習所 10

北海道央男子休日

どうおう　だんしきゅうじつ

男子休日委員會　企画、写真、文字

特約主編——何曼瑄
企劃經理——鄭偉銘
美術設計——黃奕凱
主　　編——楊雅筑
發 行 人——黃俊隆
總 編 輯
經紀副總監——熊俞茜
行銷經紀——王淩嘉
行政編務——張書瑜
出 版 者——自轉星球文化創意事業有限公司
住　　址——台北市大安區臥龍街43巷11號3樓
電子信箱——rstarbook@gmail.com
電話／傳真——02-8732-1629／02-2735-9768
發行統籌——華品文創出版股份有限公司／02-2331-7103
總 經 銷——大和書報圖書股份有限公司／02-8990-2588
印　　刷——前進彩藝有限公司／02-2225-0085
法律顧問——益思科技法律事務所／02-2772-3152
ISBN 978-986-92021-1-4
2015年9月4日初版一刷

※本書內所有照片拍攝皆經過店主同意，進行攝影前請務必獲得許可。

 自轉星球 2015 Revolution-Star Publishing and Creation Co., Ltd.

國家圖書館出版品預行編目資料｜北海道央男子休日｜男子休日委員會著｜
初版｜臺北市：自轉星球文化｜2015.09｜320面；21×14.8公分｜
生活練習所：10｜ISBN 978-986-92021-1-4（平裝）｜731.7909｜104014848

獻給 MEUCA